망고TOON으로 나만의 웹툰 만들기

MARINE
MARINEBOOKS

책의 구성 살펴보기

PART 01

망고툰 기초 다지기

다양한 작품을 만들어보며, 망고툰의 기능을 살펴봅니다.
'툰작가의 만화노트'를 통해 만화와 관련된 여러가지 개념을 익힐 수 있어요.

PART 02

망고툰과 함께하는 에듀테크

통계청, 지도, 파파고 등 교육적으로 유용한 인터넷 툴과
망고툰을 접목시켜 재미난 만화를 만들어 볼 수 있어요.

PART 03

망고툰을 활용한 패러디 웹툰

유명한 동화 이야기를 내 마음대로 각색하여
웹툰 형태의 작품을 완성해 봅니다.

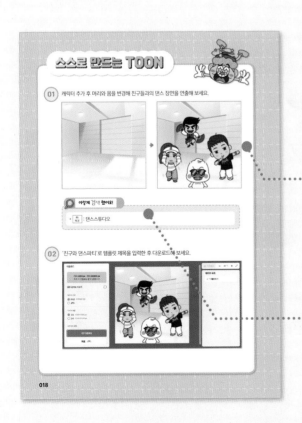

학습 내용과 완성 이미지를
살펴볼 수 있습니다.

알아두면 더 좋은 내용을 팁으로
추가하여 설명합니다.

만화와 관련된 기초 내용을
알아봅니다.

본문에서 학습한 내용을 연습해 볼 수
있도록 비슷한 예제의 문제를 제공합
니다.

책에서 사용한 요소들을 쉽게 검색할
수 있도록 키워드를 제공합니다.

이 책의 목차

PART 01 망고툰 기초 다지기

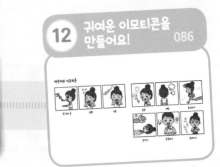

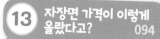

오늘은 어떤 웹툰을 만들어 볼까~?

망고툰을 소개합니다!

'누구나 클릭으로 웹툰을 만든다!' 망고툰 서비스를 Q&A로 알아보아요.

Q 만화는 언제 사용하는 것이 효과적인가요?

A 넘쳐나는 아이디어를 글로 표현하기 어려울 때는 만화를 활용해 정보를 효율적으로 전달할 수 있어요. 만화는 글과 그림을 결합하여 시각적으로 내용을 제공하기 때문에 독자의 이해와 몰입을 높일 수 있답니다.

Q 그림을 잘 그리지 못하는데도 만화를 만들 수 있을까요?

A 망고툰이면 가능합니다! 망고툰에서는 템플릿, 배경, 효과, 말풍선, 캐릭터 등 만화에 필요한 다양한 요소들을 제공하고 있어요. 스토리에 필요한 이미지를 찾아 조합하는 것만으로도 멋진 만화가 완성됩니다.

Q 컴퓨터 다루기가 익숙하지 않은데 괜찮을까요?

A 망고툰은 '클릭&드래그'만 할 줄 안다면, 누구나 쉽고 빠르게 웹툰을 만들 수 있는 서비스입니다. 만화에 필요한 대사를 입력하면서 타자 실력도 함께 업그레이드 해보세요!

Q 망고툰은 무료인가요?

A 네. 망고툰은 무료로 누구나 쉽고 재미있는 TOON(만화) 형태의 콘텐츠를 제작할 수 있는 서비스입니다. 워터마크 없이 결과물을 다운로드할 수 있어요.

Q 망고툰은 어떻게 이용할 수 있나요?

A 망고툰은 크롬 브라우저에서 가장 안정적으로 작동되며, 크롬이 설치된 스마트폰과 태블릿으로도 구동이 가능합니다.

Q 망고툰 서비스에 대해 더 알려주세요!

A 망고툰은 '망고보드'를 서비스하고 있는 국내 개발사인 '리아모어소프트'에서 만든 웹툰 제작 플랫폼이에요. 쉬운 인터페이스와 다양한 이미지를 이용해 만화 콘텐츠로 스토리텔링이 가능하지요. 특히 '휴게소, 경복궁, 초가집, 재래시장, 붕어빵' 등 우리나라의 고유한 이미지들이 고퀄리티로 제공되어 일상툰을 만들기에 적합하며, 유행하는 밈·짤 형태의 템플릿을 활용해 톡톡 튀는 만화도 쉽게 작업이 가능하답니다.

1 다양한 주제의 캐릭터가 준비되어 있어요!

2 캐릭터의 표정과 자세를 자유롭게 바꿀 수 있어요!

3 캐릭터 간 몸·머리 조합 기능을 통해 3,000가지 이상의 자세로 표현이 가능해요!

미리보는 망고툰

◆ 망고툰 접속하기 ◆

01 크롬 브라우저를 실행한 후 망고툰(https://toon.mangoboard.net/)에 접속하여 로그인을 클릭합니다.

02 가입한 이메일 형식으로 로그인하여 망고툰 작업 페이지로 이동합니다.

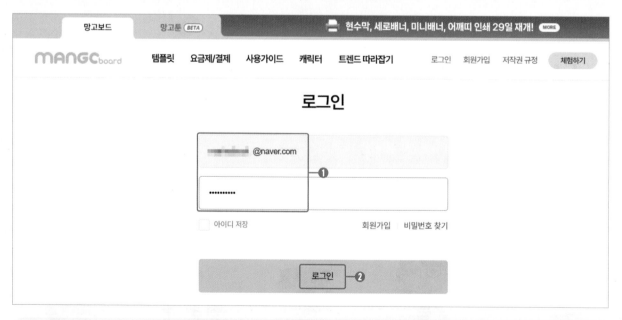

망고툰은 크롬 브라우저로 접속하는 것을 추천합니다. 만약 스마트폰이나 태블릿을 이용할 때도 '크롬' 앱이 설치되어 있다면 바로 구동이 가능합니다.

◆ 망고툰 화면 구성 살펴보기 ◆

01 '새 템플릿 만들기'를 클릭합니다.

02 망고툰의 메뉴 구성을 알아보겠습니다.

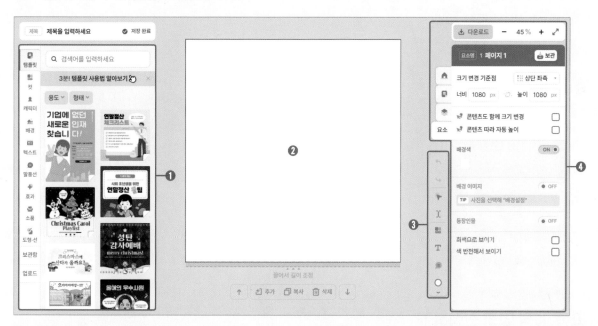

❶ **좌측 도구창** : 제목을 지정할 수 있고, 각각의 카테고리에서 만화 작업에 필요한 다양한 요소를 선택할
　　　　　　　　수 있습니다.

❷ **작업 페이지** : 여러 개의 페이지를 생성할 수 있으며, 각 페이지의 높이는 다르게 지정할 수 있습니다.

❸ **세로 메뉴 버튼** : 컷이나 말풍선 등 자주 사용되는 것들을 세로 메뉴 버튼으로 제공합니다.

❹ **우측 도구창** : 작업 페이지의 옵션을 바꾸거나, 선택된 요소와 관련된 세부 서식을 변경할 수 있습니다.
　　　　　　　　또한 완성된 결과물 다운로드가 가능합니다.

망고툰 회원가입하기

◆ 개인 회원 가입하기 ◆

01 망고툰(https://toon.mangoboard.net/)에 접속하여 우측 상단의 [회원가입]을 클릭합니다.

02 'SNS 계정 간편 회원가입'을 이용하면 구글, 네이버, 카카오톡의 계정과 연동하여 망고툰(망고보드)에
가입할 수 있습니다.

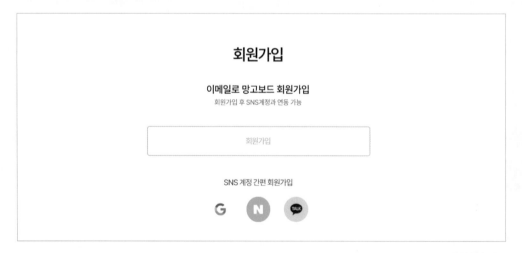

◆ 학생 계정 일괄 신청하기 ◆

01 방선모 카페를 통해 [망고툰 학생 계정 신청.xlsx] 파일을 다운로드 받은 후 필요한 내용을 작성합니다.

02 작성된 파일을 marinebook@naver.com으로 전송해 학생 계정 신청이 가능합니다.
신청된 계정은 주말 제외하고 평균 3일 정도 후 제공됩니다.

양식 다운로드 & 작성 방법 ▶

PART 01

망고툰
기초 다지기

01 나의 최애캐를 만들어요!

 학습목표

> 페이지에 배경과 캐릭터를 추가해 보아요.
> 캐릭터의 표정과 자세, 머리를 바꿔보아요.

실습 및 완성파일 ▶ [1일차] 폴더

완성작품 미리보기 📷

툰작가의 만화노트 **최애캐를 만드는 방법**

최애캐란? 최고로 애정하는 캐릭터의 줄임말로, 가장 좋아하는 캐릭터를 의미합니다. 이야기 속 캐릭터가 어떤 역할을 하는지, 어떤 배경이 있는지, 나에게 어떤 영향을 주는지 고려하여 매력적인 캐릭터를 만들 수 있지요.

▲ 금발머리가
만족스러운 A

▲ 민속촌에 가서
사진 찍는 B

▲ 왕의 자리에
오른 왕자 C

▲ 심판에게 항의
하는 감독 D

배경과 캐릭터를 추가해요!

01 망고툰(https://toon.mangoboard.net/)에 접속한 후 [로그인] 합니다.

02 새템플릿만들기 버튼을 클릭하여 새로운 템플릿을 생성합니다.

03 '무대'를 검색한 후 [배경] 탭에서 원하는 'PNG' 이미지를 찾아 선택합니다.

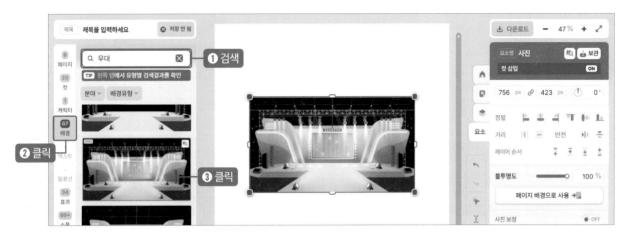

✨TIP **그림의 형식을 구분해요!**

배경으로 제공되는 그림 위에 마우스를 올리면 SVG 와 PNG 가
표시됩니다.

- SVG : 각 요소들의 색상을 바꿀 수 있지만, 페이지의 배경으로
  삽입할 수는 없습니다.
- PNG : 페이지의 배경으로 적용이 가능한 파일 형식입니다.

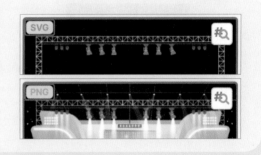

04 페이지 배경으로 사용 → 버튼을 눌러 그림이 페이지의 배경으로 삽입된 것을 확인합니다.

배경의 투명도를 조절해요!

우측의 [요소(✦)] 탭에서 '불투명도'를 조절할 수 있습니다.

05 검색어를 삭제한 후 캐릭터 탭을 클릭하여 원하는 캐릭터를 추가합니다.

02 ▶ **다른 캐릭터의 몸으로 바꿔요!**

01 캐릭터를 선택한 후 표정과 자세 변경 ✦ 버튼을 클릭합니다.

02 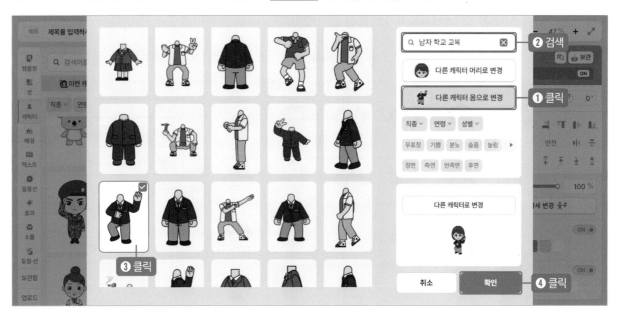 다른 캐릭터 몸으로 변경 에 체크한 다음 '남자 학교 교복'을 검색합니다.

03 결과가 표시되면 원하는 이미지를 선택한 후 확인 버튼을 클릭합니다.

TIP **책과 똑같은 그림이 없어요!**

망고툰 업데이트 등으로 인해 책과 동일한 그림이 보이지 않을 경우 원하는 동작을 선택하여 작업합니다.

04 나머지 캐릭터의 몸을 자유롭게 변경해 보세요. 변경 후 캐릭터의 크기가 작아졌다면 이전 크기와 비슷하게 조절해 줍니다.

다른 캐릭터의 머리로 바꿔요!

01 캐릭터를 선택한 후 [표정과 자세 변경 ✦] 버튼을 클릭합니다.

02 [🔘 다른 캐릭터 머리로 변경]에 체크한 다음 '공부'를 검색하여 원하는 이미지를 선택해 보세요.

03 동일한 방법으로 나머지 캐릭터의 머리도 변경해봅니다.

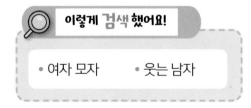

이렇게 검색 했어요!

• 여자 모자   • 웃는 남자

제목을 입력하고 저장해요!

01 템플릿의 제목을 '나의 최애캐'로 변경한 후 Ctrl + S 를 눌러 저장합니다. 이어서, [🖫 다운로드] 버튼을 클릭 합니다.

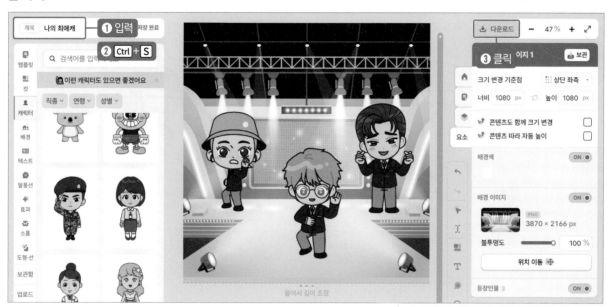

02 다음과 같이 창이 표시되면 [1장 다운로드] 버튼을 눌러 완성된 작품을 다운로드 합니다.

스스로 만드는 TOON

01 캐릭터 추가 후 머리와 몸을 변경해 친구들과의 댄스 장면을 연출해 보세요.

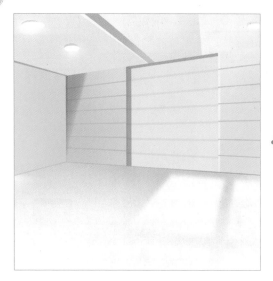 

이렇게 검색 했어요!

- 배경 : 댄스스튜디오

02 '친구와 댄스파티'로 템플릿 제목을 입력한 후 다운로드해 보세요.

02 재래시장에 가요!

실습 및 완성파일 ▶ [2일차] 폴더

🎁 **학습목표**

> 소품을 들고 있는 캐릭터를 만들어 보아요.
> 상호작용 해제 기능을 이용하여 소품을 교체해 보아요.

완성작품 미리보기 📷

툰작가의 만화노트   장면에 소품 활용하기

만화에 소품을 잘 활용하면 더욱 돋보이는 상황을 연출할 수 있으며, 캐릭터 없이도 독자들에게 상황을 이해시킬 수 있습니다.

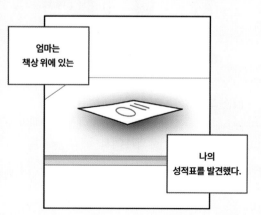

01 ▶ 배경과 캐릭터를 넣어요!

01 망고툰(https://toon.mangoboard.net/)에 접속한 후 [로그인] 합니다.

02 새 템플릿 만들기 버튼을 클릭하여 새로운 템플릿을 생성합니다.

03 '재래시장'을 검색한 후 [배경] 탭에서 PNG 형식의 이미지를 찾아 배경으로 삽입합니다.

04 '학생'을 검색한 후 [캐릭터] 탭에서 원하는 캐릭터를 추가합니다.

TIP **이전 작업 상태로 돌아가고 싶어요!**

작업 화면 오른쪽의 세로 메뉴에서 ↰ 버튼을 클릭하거나, Ctrl + Z 를 눌러 이전 작업 상태로 되돌릴 수 있습니다.

소품을 들고 있는 포즈를 완성해요!

01 이번에는 소품을 들고 있는 캐릭터 포즈로 변경해 보겠습니다.

02 캐릭터를 클릭한 후 표정과 자세 변경 버튼을 눌러 원하는 표정과 소품을 들고 있는 이미지를 선택합니다.

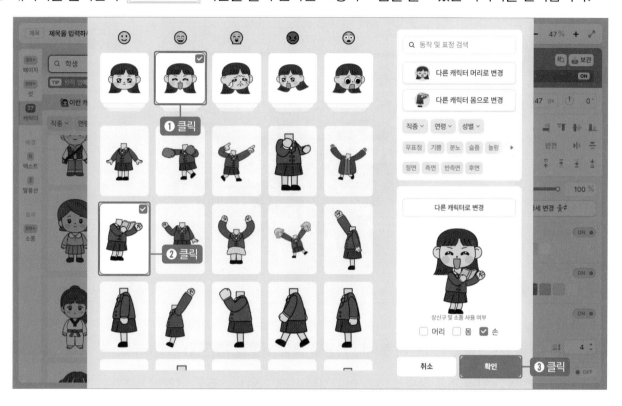

03 동일한 방법으로 나머지 캐릭터도 소품을 들고 있는 포즈로 변경합니다.

캐릭터의 소품을 음식으로 교체해요! ....

01 📦탭에서 '치킨' 이미지를 추가한 다음 적용할 캐릭터 주변에 배치합니다.

02 치킨 이미지가 선택된 상태에서 캐릭터 연동을 활성화(캐릭터 연동 ON) 시킵니다.

03 캐릭터가 들고 있는 소품 쪽으로 치킨 이미지를 드래그하여 소품을 변경할 수 있습니다.

✨**TIP** **캐릭터 연동 기능을 알아보아요!**

캐릭터 연동 ON 상태에서는 선택된 소품을 캐릭터와 연동된 소품으로 교체할 수 있어요. 캐릭터의 소품을 여러 번 클릭하면 소품의 크기, 색상 등 다양한 형태로 편집이 가능합니다.

04 치킨의 크기와 위치를 조절한 다음 회전시킵니다.

크기 조절

위치 변경

회전

TIP **소품 선택이 해제되었어요!**

소품을 들고 있는 캐릭터를 더블 클릭한 후 소품을 다시 선택할 수 있어요.

05 맛있는 음식 소품을 추가해 나머지 캐릭터에 배치해 보세요.

이렇게 검색 했어요!

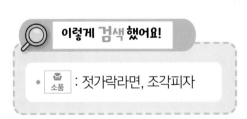
소품 : 젓가락라면, 조각피자

● 대칭이 필요한 이미지를 선택한 다음 오른쪽 상단의 [요소] 탭-'반전' 메뉴를 이용합니다.

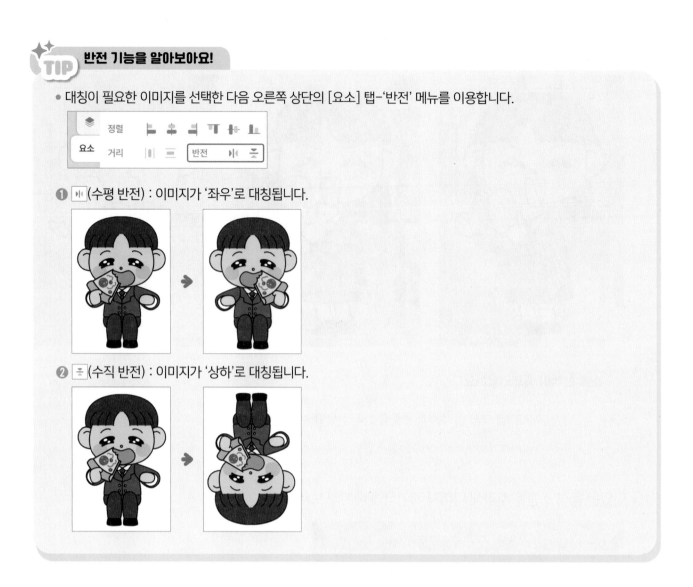

❶ ▐◂◂ (수평 반전) : 이미지가 '좌우'로 대칭됩니다.

❷ ▔▁ (수직 반전) : 이미지가 '상하'로 대칭됩니다.

06 완성된 템플릿의 이름을 '재래시장'으로 변경하여 작품을 저장(Ctrl+S)한 다음 ⬇ 다운로드 합니다.

스스로 만드는 TOON

01 배경, 캐릭터, 소품을 활용하여 카페 음식을 들고 있는 장면을 연출해 보세요.

이렇게 검색했어요!

- 🏠 배경 : 향수공방
- 👤 캐릭터 : 만화여자, 취준생
- 📦 소품 : 커피조각케잌, 따뜻한커피

02 배경, 캐릭터, 소품을 활용하여 동물과 함께 있는 장면을 연출해 보세요.

이렇게 검색했어요!

- 🏠 배경 : 들판울타리
- 👤 캐릭터 : 헬스강사, 꼬마원피스
- 📦 소품 : 누렁이, 햄스터

03 나를 위한 상장을 만들어요!

🎁 **학습목표**

> 레이어에 대해 알아보아요.
> 디자인이 된 템플릿의 글자와 캐릭터를 변경해 보아요.

실습 및 완성파일 ▶ [3일차] 폴더

완성작품 미리보기 📷

툰작가의 만화노트 레이어란 무엇일까?

레이어란 그림을 그릴 수 있는 투명 필름과 같은 것으로, 필름을 한 층씩 겹쳐 그림을 완성할 수 있습니다. 망고툰에서도 여러 요소(캐릭터, 말풍선, 배경, 컷 등)가 복잡하게 겹쳐있을 경우 레이어를 사용하면 더 수월하게 작업을 진행할 수 있지요.

> **템플릿을 불러와 레이어를 고정시켜요!** ···

01 망고툰(https://toon.mangoboard.net/)에 접속한 후 [로그인] 합니다.

02 새 템플릿 만들기 버튼을 클릭하여 새로운 템플릿을 생성합니다.

03 '배려상'을 검색한 후 [페이지]에서 다음과 같은 이미지를 선택합니다.

04 우측의 [레이어(◈)] 탭을 활성화합니다.

05 아래 그림과 같이 '소품' 레이어를 모두 '잠금(🔒)'으로 지정해 움직이지 않도록 합니다.

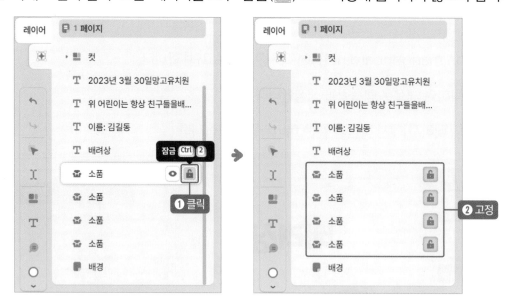

TIP 레이어 더 알아보기!

❶ 👁, 🚫 : 레이어를 보이거나 보이지 않도록 숨기는 기능입니다.

❷ 🔓, 🔒 : 레이어를 편집하거나 현재 상태로 고정시킬 수 있는 기능입니다.

02 > 상장의 내용과 캐릭터를 변경해요!

01 '배려상' 텍스트를 더블 클릭한 후 원하는 상장 이름으로 내용을 변경합니다.

02 동일한 방법으로 상장의 내용을 자유롭게 수정해 보세요.

03 상장 안의 캐릭터를 더블 클릭한 다음 [요소(✦)] 탭에서 표정과 자세 변경 을 클릭해 주세요.

04 다음과 같은 창이 표시되면 다른 캐릭터로 변경 버튼을 눌러 원하는 캐릭터를 선택합니다.

05 선택된 캐릭터의 표정과 동작을 변경한 다음 확인 버튼을 클릭합니다.

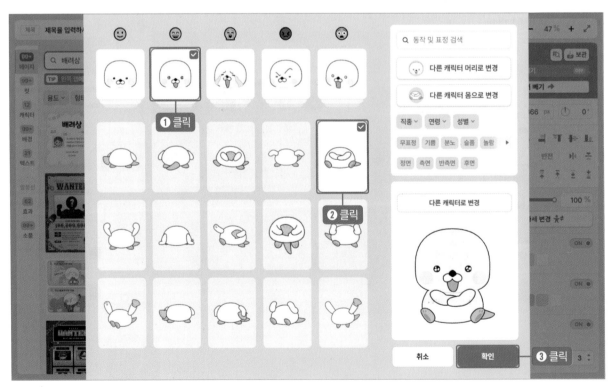

06 캐릭터가 변경된 것을 확인한 후 크기와 위치를 적당하게 조절합니다.

07 우측의 [요소(⊞)] 탭에서 '배경색-패턴'을 선택하여 색상을 바꿔봅니다.

08 완성된 템플릿의 이름을 '상장'으로 변경하여 작품을 저장(Ctrl+S)한 다음 ⬇ 다운로드 합니다.

스스로 만드는 TOON

01 '도형'과 '소품' 레이어를 잠그고, 텍스트와 캐릭터를 변경하여 쿠폰을 만들어 보세요.

 →

● 템플릿 : 기프티콘

02 텍스트와 캐릭터를 변경하여 초대장을 만들어 보세요. 그림의 크기, 위치, 색상은 자유롭게 조절해 봅니다.

 →

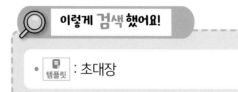

● 템플릿 : 초대장

04 여행사진을 완성해요!

실습 및 완성파일 ▶ [4일차] 폴더

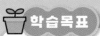 **학습목표**

> 컷에 대해 알아보아요.

> 컷을 다양한 모양으로 바꿔보고 배경과 캐릭터를 넣어보아요.

완성작품 미리보기 📷

툰작가의 만화노트   컷이란 무엇일까?

만화 스토리의 흐름을 전달하여 장면을 구분할 때 '컷'을 이용합니다. 또한 연출에 따라 독자의 시선을 유도하거나 여러 효과를 만들기 위해 쓰이기노 하죠. 컷의 모양과 개수는 이야기의 흐름이나 만화 유형에 따라 달라지게 됩니다.

01 > 만화의 컷을 만들어요!

01 망고툰(https://toon.mangoboard.net/)에 접속한 후 [로그인] 합니다.

02 새템플릿 만들기 버튼을 클릭하여 새로운 템플릿을 생성합니다.

03 컷 탭에서 빈 컷 추가 Tab (C) 를 클릭합니다.

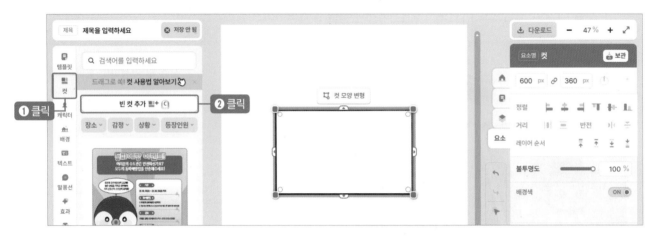

04 컷 주변에 표시된 컷 모양 변형 버튼을 클릭하여 컷의 모양을 바꿔봅니다.

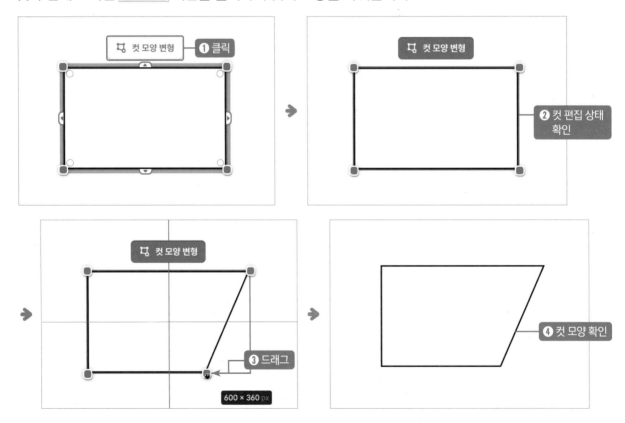

05 페이지 안에서 컷의 크기와 위치를 조절합니다.

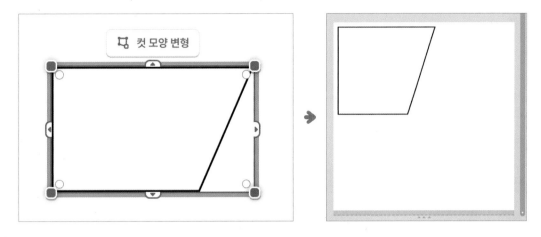

TIP 컷의 크기를 조절해요!

❶ : 컷의 비율을 유지한 상태로 크기가 조절됩니다.

❷ : 상·하·좌·우 중 선택된 부분을 중심으로 컷의 크기가 조절됩니다.

06 탭에서 빈 컷 추가 를 클릭하여 동일한 방법으로 4개의 컷을 만들어 줍니다.

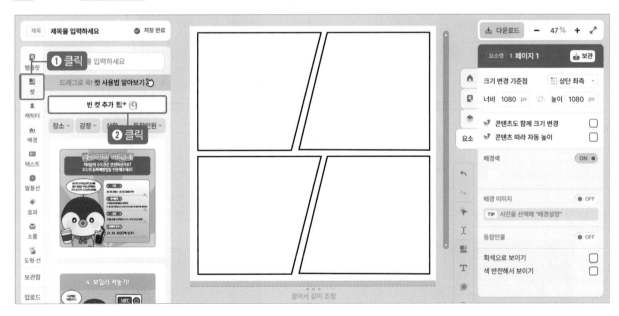

TIP 책과 같이 맞추기가 어려워요!

한 페이지에 여러 개의 컷이 들어가는 경우에는 필요한 만큼 컷을 추가하여 크기와 위치를 먼저 조절한 다음 컷 모양 변형 을 작업하는 것이 더 편리할 수 있습니다.

컷 안쪽에 배경 이미지와 캐릭터를 추가해요!

01 '일본'을 검색한 후 [배경] 탭에서 원하는 이미지를 찾아 선택합니다.

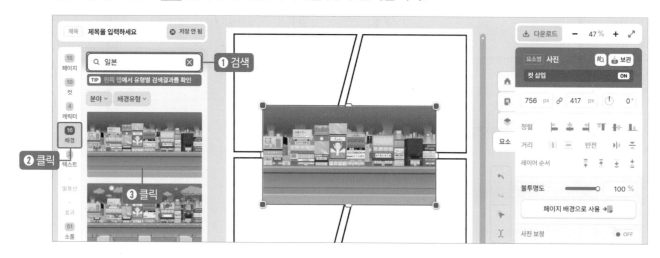

02 삽입된 배경 이미지를 첫 번째 컷 안쪽으로 드래그하여 넣어줍니다.

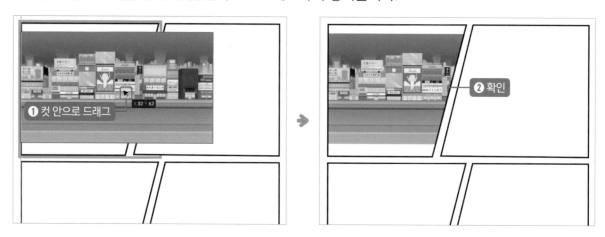

03 첫 번째 컷 안쪽에 삽입된 이미지를 선택하여 크기와 위치를 조절한 후 [Esc]를 눌러 편집을 완료합니다.

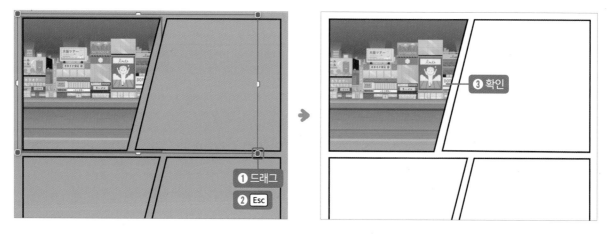

04 여행지 이름을 검색한 후  탭에서 이미지를 찾아 각각의 컷 안에 삽입해 봅니다.

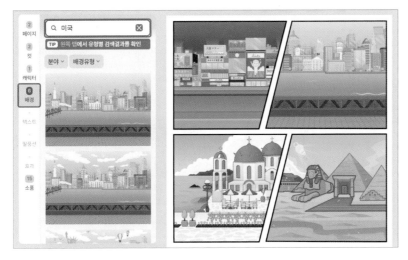

이렇게 **검색** 했어요!

- 미국
- 그리스
- 이집트

05 이번에는 [캐릭터] 탭에서 원하는 캐릭터를 추가합니다.

이렇게 **검색** 했어요!

- 유치원생
- 원어민
- 해변
- 여행

TIP **그림의 선 두께를 조절해요!**

망고툰 캐릭터의 윤곽선 두께는 '4'가 기본값이에요. 만화에 들어갈 캐릭터의 크기에 따라 윤곽선 두께를 함께 조절하면 자연스러운 결과물을 만들 수 있어요. 캐릭터가 선택되면 우측의 [요소(✦)] 탭 하단에서 윤곽선의 두께를 조절할 수 있습니다.

윤곽선	ON ●
선 두께	4 ↕

06 완성된 템플릿의 이름을 '여행사진'으로 변경하여 작품을 저장(Ctrl + S)한 다음 ⤓ 다운로드 합니다.

스스로 만드는 TOON

01 컷을 추가한 다음 컷의 모양을 변경해 보세요.

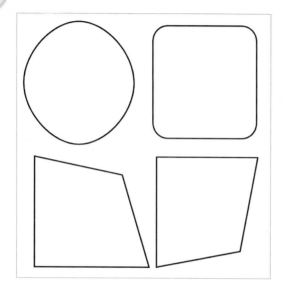

TIP **둥근 컷 만드는 방법!**

컷 안쪽의 조절점(◯)을 드래그하면 곡선 형태의 컷을 만들 수 있습니다.

⬍ 컷 모양 변형

02 사계절을 나타낼 수 있는 배경을 컷 안에 넣어보고, 캐릭터를 추가해 보세요.

🔍 **이렇게 검색 했어요!**

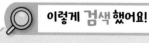 배경 : 봄, 여름, 가을, 겨울 • 👤캐릭터 : 개구리

05 과거 VS 현재

실습 및 완성파일 ▶ [5일차] 폴더

완성작품 미리보기 📷

툰작가의 만화노트 　명암효과 알아보기

명암이란 빛에 의해 생기는 밝고 어두운 정도를 말합니다. 만화에 명암을 낮춘 흑백 컷이 들어가면 독자에게 긴장감과 몰입감을 줄 수 있으며, 과거를 떠올리는 느낌을 받을 수 있습니다.

01 ▶ 새로운 페이지를 추가해요!

01 망고툰(https://toon.mangoboard.net/)에 접속한 후 [로그인] 합니다.

02 새 템플릿 만들기 버튼을 클릭하여 새로운 템플릿을 생성합니다.

03 1945년과 2025년 느낌이 나는 장면을 각각 만들어보기 위해 페이지를 추가 합니다.

04 페이지가 추가된 것을 확인한 다음 [1페이지]를 선택합니다.

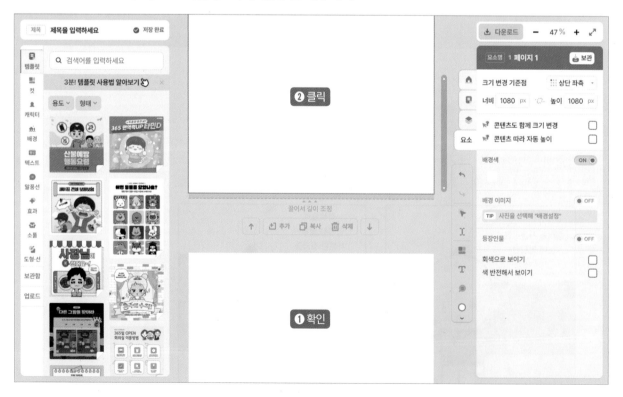

배경 이미지를 넣고, 필터를 적용해요!

01 '초가집'을 검색한 후 [배경] 탭에서 [PNG] 형식의 이미지를 찾아 선택합니다.

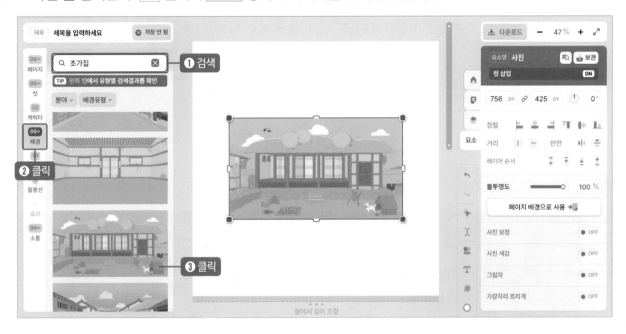

02 우측의 [요소(▣)] 탭에서 '사진 보정' 항목을 활성화한 후 '모던흑백' 필터를 선택합니다.

03 페이지 배경으로 사용 →📄 버튼을 눌러 그림을 페이지의 배경으로 적용합니다.

04 배경으로 적용된 그림을 더블 클릭하여 원하는 부분이 표시되도록 조절해 주세요.

05 [2페이지]로 이동하여 '아파트'를 검색한 후 🏠배경 탭에서 PNG 형식의 이미지를 삽입합니다.

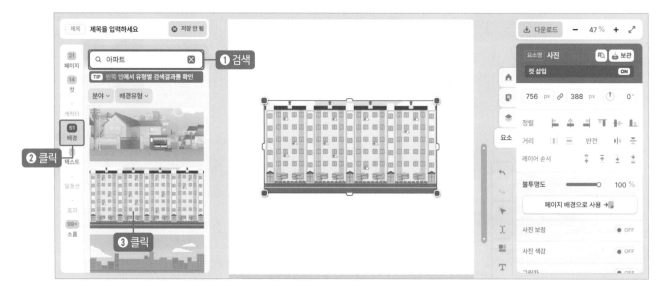

06 그림이 표시되면 원하는 색상 필터를 적용한 다음 [페이지 배경으로 사용 →] 버튼을 클릭합니다.

03 > **캐릭터와 텍스트를 추가해요!** ··

01 각 페이지 컨셉에 어울리는 캐릭터를 추가합니다. 캐릭터가 선택된 상태에서 ▐◀(수평 반전)을 클릭하면 '좌우'로 대칭됩니다.

🔍 **이렇게 검색했어요!**

• 할아버지   • 할머니   • 남자어린이   • 염색어린이

02 '봉사단'을 검색한 후 탭에서 다음과 같은 이미지를 찾아 내용을 입력합니다.

03 해당 요소의 크기와 위치를 적당하게 조절해 줍니다.

 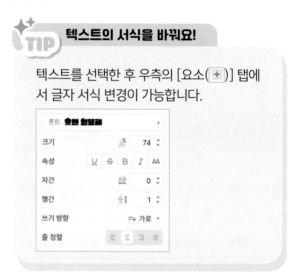

04 똑같은 방법으로 텍스트를 삽입하여 작품을 완성합니다.

05 완성된 템플릿의 이름을 '과거와현재'로 변경하여 작품을 저장(Ctrl+S)한 다음 다운로드 합니다.

스스로 만드는 TOON

01 페이지를 추가한 후 배경, 캐릭터, 텍스트를 이용해 재미있는 장면을 연출해 보세요.

🔍 이렇게 검색 했어요!

- 🏫 배경 : 놀이터, 교문
- 👤 캐릭터 : 초등학생
- 📝 텍스트 : 일기

✨ TIP 전체에 효과 주기!

페이지 바깥쪽이 선택된 상태에서 '회색으로 보이기', '색 반전해서 보이기' 메뉴를 이용하면 특정 요소가 아닌 컷 또는 페이지 전체에 해당 효과를 적용할 수 있어요!

다양한 감정을 표현해요!

 학습목표

> 말풍선을 추가하는 방법에 대해 알아보아요.
> 컷 바깥에서 보이기 기능을 알아보아요.

실습 및 완성파일 ▶ [6일차] 폴더

완성작품 미리보기 📷

📖 **툰작가의 만화노트** **말풍선을 효과적으로 사용하기**

말풍선은 만화의 가장 기본적인 요소 중 하나입니다. 말풍선에 입력되는 대사, 내레이션 등을 통해 인물의 감정이나 상황을 잘 전달할 수 있도록 충분한 연습이 필요합니다.

많은 양의 대사는 2개 이상의 말풍선으로 나누어 넣습니다.

중요한 대사는 더 큰 말풍선으로 표시합니다.

슬픈 상황에는 구부러진 말풍선, 다급할 때는 뾰족한 말풍선을 이용합니다.

컷을 추가해요!

01 망고툰(https://toon.mangoboard.net/)에 접속한 후 [로그인] 합니다.

02 새 템플릿 만들기 버튼을 클릭하여 새로운 템플릿을 생성합니다.

03 컷 탭에서 빈 컷 추가 ⊡⁺ (C) 를 클릭하여 아래와 같이 컷을 추가한 후 크기와 위치를 조절합니다.

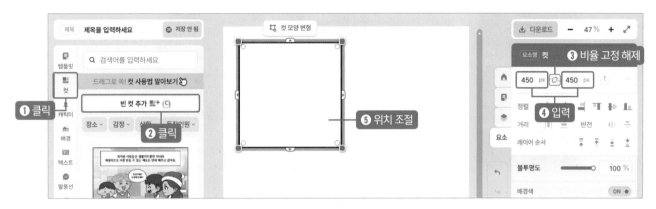

04 컷이 선택된 상태에서 Ctrl+C를 누른 다음 Ctrl+V를 3번 눌러 3개의 컷을 복사합니다.

05 4개의 컷을 다음과 같이 배치해 주세요. 컷을 드래그할 때 표시되는 안내선을 참고하면 반듯하게 위치를 조절할 수 있습니다.

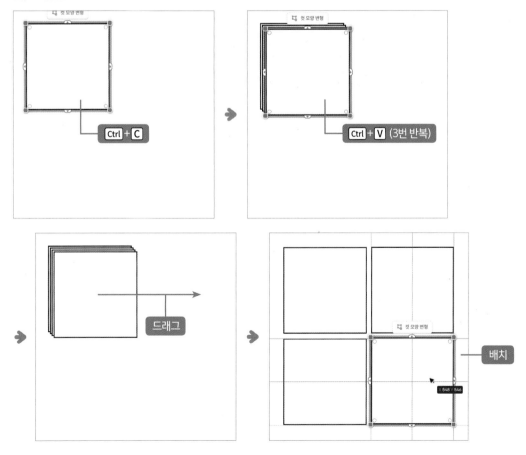

캐릭터와 배경을 넣어요!

01 다음 단어를 참고하여 [배경] 탭에서 이미지를 찾아 각각의 컷 안에 삽입해 봅니다.

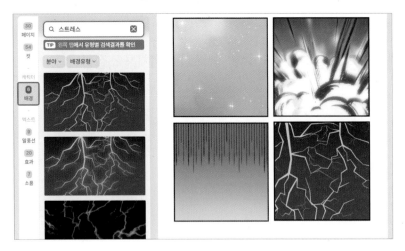

이렇게 **검색** 했어요!

- 설렘
- 분노
- 절망
- 스트레스

02 원하는 캐릭터를 추가한 후 배경 컨셉에 맞추어 표정과 동작을 바꿔 보세요.

이렇게 **검색** 했어요!

- 해변
- 돼지
- 카페
- 생쥐

TIP 캐릭터 윤곽선을 변경해 보세요!

현재 작품과 같이 작은 컷에 캐릭터를 넣을 때는 선의 두께도 함께 줄이는 것이 좋아요. 책에서는 캐릭터의 윤곽선 두께를 '3'으로 지정했습니다.

말풍선에 대사를 입력해요!

01

01 말풍선 탭에서 맞춤 말풍선 추가 버튼을 클릭해 말풍선을 추가합니다.

02 말풍선의 내용을 자유롭게 입력한 후 '컷 삽입' 기능을 해제합니다.

컷 삽입 기능, 어떤 기능일까요?

컷 삽입이 'ON'으로 되어있을 때는 말풍선이 컷 안으로 포함되며, 'OFF'일 때는 컷의 바깥쪽으로 표시됩니다.

▲ 컷 삽입 ON   ▲ 컷 삽입 OFF

03 말풍선의 크기와 위치를 조절한 다음 하단의 조절점(◉)을 드래그하여 말풍선의 모양을 변형합니다.

04 이번에는 디자인이 되어있는 말풍선을 이용해 효과를 적용해 보겠습니다.

05 검색 키워드를 참고하여 말풍선 탭에서 원하는 말풍선 효과를 찾아 자유롭게 배치해 봅니다.

이렇게 **검색** 했어요!

- 분노
- 당황
- 놀람

06 완성된 템플릿의 이름을 '감정말풍선'으로 변경하여 작품을 저장(Ctrl + S)한 다음 ⬇ 다운로드 합니다.

스스로 만드는 TOON

01 두 개의 컷을 추가한 다음 배경, 캐릭터, 말풍선을 넣어 꾸며보세요.

이렇게 검색 했어요!

- 배경 : 고민, 깨달음
- 캐릭터 : 유아
- 말풍선 : 기운없는, 큰슬픔

02 하나의 컷을 추가한 다음 배경, 캐릭터, 말풍선을 넣어 꾸며보세요.

이렇게 검색 했어요!

- 배경 : 우주
- 캐릭터 : 우주
- 말풍선 : 기쁨, 외침

07 심리테스트를 해요!

 학습목표

▶ 페이지의 크기를 조절해 보아요.

▶ 필요한 내용을 추가한 다음 글자 서식을 변경해 보아요.

실습 및 완성파일 ▶ [7일차] 폴더

 **완성작품 미리보기** 📷

과일로 알아보는
우정 심리 테스트

지금 당신 앞에
4가지 과일이 있습니다.
친구의 모습을 생각했을 때
떠오르는 과일을 선택해 보세요.

바나나
나와 함께라면 뭐든 열심히 하는 친구

딸기
항상 나를 편안하게 해주는 친구

포도
화끈하고 의리있는 친구

감
순수하고 귀여운 친구

 **툰작가의 만화노트** **폰트(글꼴)의 저작권 알아보기**

저작권이란, 아이디어를 표현한 창작물이 함부로 사용되지 않도록 보호해주는 권리입니다. 더 쉽게 말하면 내가 만든 것을 다른 사람이 함부로 사용할 수 없다는 것이죠. 폰트(글꼴)에도 저작권이 있기 때문에 반드시 저작권 규정을 확인하고 사용해야 합니다.

가장 좋은 방법은

ㅇㅇ ㅇㅇㅇ 폰트 저작권 🔍 **을 검색해서**

카테고리	사용범위	허용
인쇄	포스터, 책, 잡지...	O
웹사이트	광고, 페이지, 메일...	X
영상	영상 자막, UCC	O
포장지	상품의 패키지	O
로고	브랜드, 회사명...	X

저작권 규정을 확인하고 사용하는 것 입니다.

페이지에 텍스트를 추가해요! ....

01 망고툰(https://toon.mangoboard.net/)에 접속한 후 [로그인] 합니다.

02 [새 템플릿 만들기] 버튼을 클릭하여 새로운 템플릿을 생성합니다.

03 페이지의 높이를 '3055px'로 변경한 후 [텍스트 추가 T⁺ ⊤] 버튼을 눌러 내용을 입력합니다.

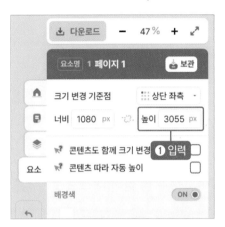 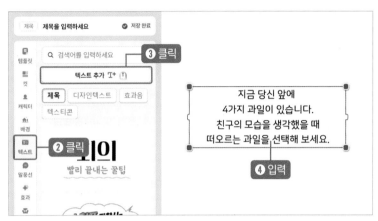

✨**TIP** **많은 글자 입력이 어려워요!**

❶ [7일차] 폴더에서 [우정테스트.txt] 파일을 열어줍니다.

❷ 필요한 문장을 드래그한 다음 복사(Ctrl+C)합니다.

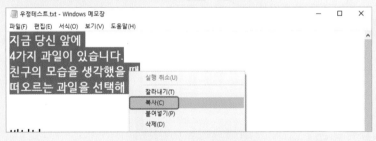

❸ 망고툰에서 [텍스트 추가 T⁺ ⊤]을 클릭한 후 붙여넣기(Ctrl+V) 합니다.

❹ 텍스트 상자의 가로 조절점을 이용해 너비를 조절합니다.

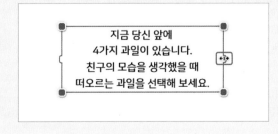

04 지금부터 심리테스트의 내용을 각각의 글상자로 입력해 보세요.

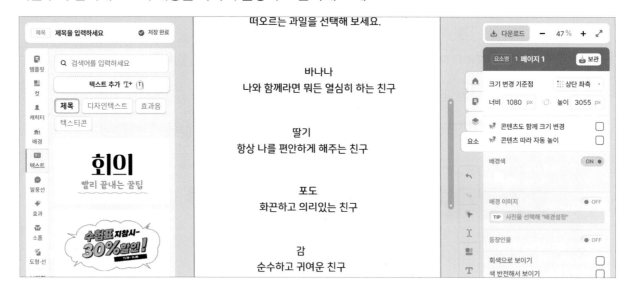

05 '과일'을 검색한 후 [텍스트] 탭에서 해당 이미지를 선택해 '과일로 알아보는 우정 심리 테스트'로 수정합니다.

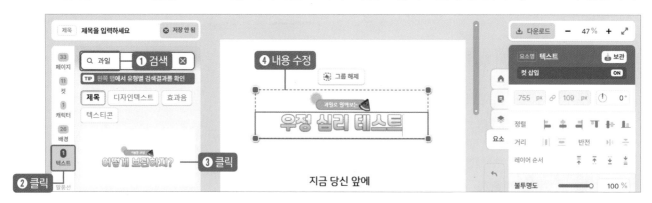

02 > 폰트와 글자 색상을 변경해요!

01 첫 번째 문장을 선택한 다음 우측의 [요소(✦)] 탭에서 '폰트'를 클릭합니다.

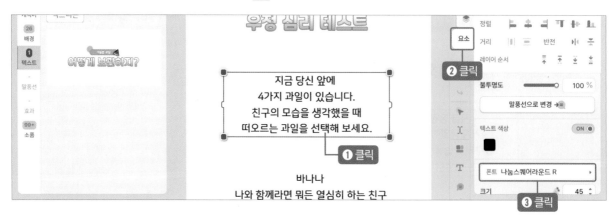

02 아래와 같은 화면이 표시되면 '같은 폰트 모두 변경'에 체크한 다음 [저작권]–'제약 없는 폰트만'을 클릭합니다.

03 원하는 폰트를 선택한 후 변경된 폰트를 확인합니다.

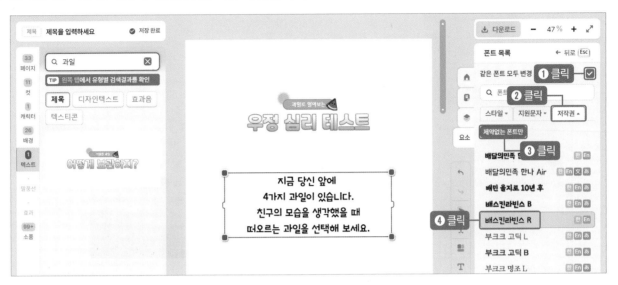

04 '바나나' 내용을 선택하여 텍스트 색상을 자유롭게 바꿔 봅니다.

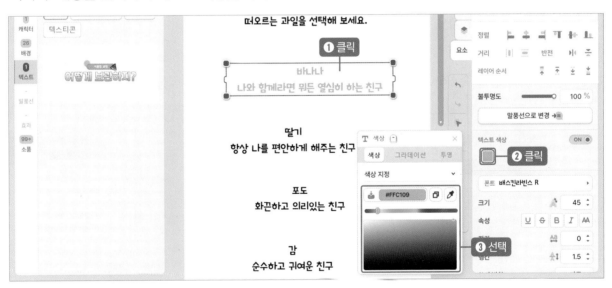

 **글자가 너무 작아요!**

폰트 스타일에 따라 글자가 작아 보일 수 있습니다. 이런 경우에는 폰트의 크기를 조절해 주세요.

폰트	배스킨라빈스 R	▸
크기	A 45	⬍
속성	U S B I AA	

05 동일한 방법으로 나머지 텍스트의 색상도 변경한 다음 색상 창을 종료합니다.

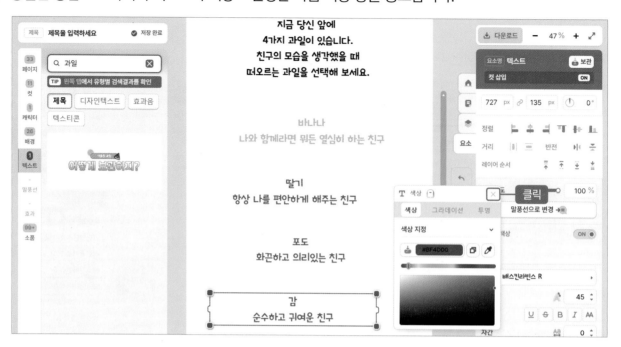

 텍스트를 정렬하고, 소품을 넣어요!

01 페이지의 비율을 축소하여 전체가 한눈에 보이면, 각 문장의 세로 간격을 조절합니다.

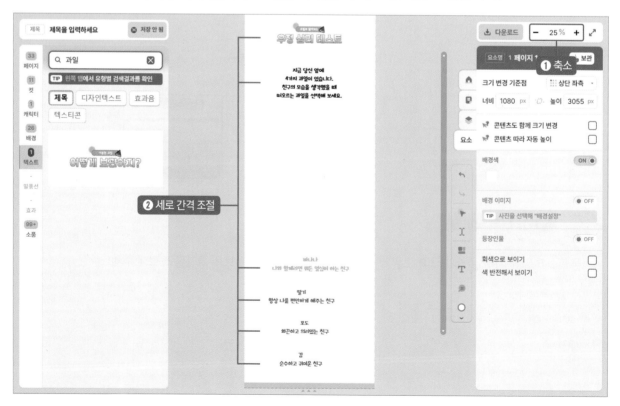

02 다음과 같이 드래그하여 4개의 텍스트 상자를 선택한 후 ▣(가운데 정렬)과 ▤(수직 간격 동일하게)를 지정합니다.

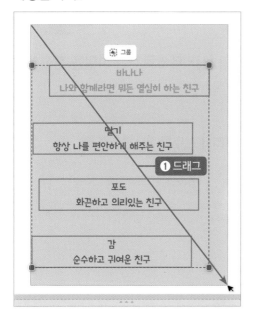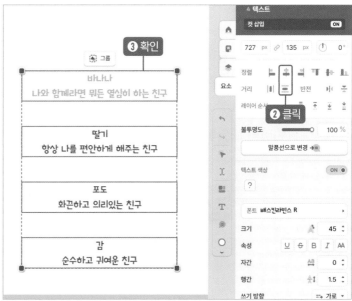

03 ▣ 탭에서 각 과일 이미지와 화살표를 넣어 작품을 완성해 보세요.

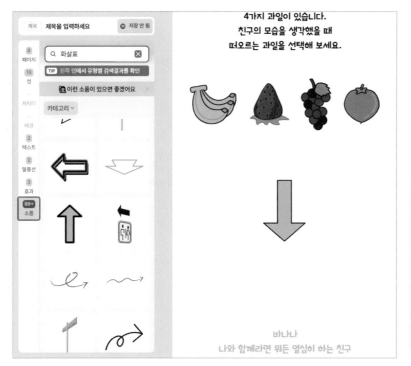

04 완성된 템플릿의 이름을 '심리테스트'로 변경하여 작품을 저장(Ctrl+S)한 다음 ⬇다운로드 합니다.

스스로 만드는 TOON

01 페이지의 높이를 '3055px'로 지정하고 [7일차] 폴더의 [심리테스트.txt] 파일을 참고하여 내용을 입력합니다.

02 입력된 내용을 원하는 폰트로 변경한 후 소품을 넣어 심리테스트를 완성합니다.

겨울에 생각나는 간식을 통해
나의 성향을 알아보아요!

이렇게 검색 했어요!

- 텍스트 : 겨울

- 소품 : 고구마, 어묵, 호빵,
  붕어빵, 화살표

고구마
모든 일에 신중하게 행동하는 사람입니다.

어묵
일상 속 작은 행복을 즐기는 사람입니다.

호빵
항상 에너지가 넘치는 사람입니다.

붕어빵
공감 능력이 뛰어난 사람입니다.

08 맛있는 마라탕을 만들어요!

▶ 업로드 기능과 이미지 복사 방법을 알아보아요.

▶ 효과와 텍스트 기능을 이용해 작품을 만들어 보아요.

실습 및 완성파일 ▶ [8일차] 폴더

완성작품 미리보기 📷

툰작가의 만화노트 · 캐릭터를 복사하여 이용하기

망고툰을 이용해 만화를 만들 때 주인공 캐릭터를 복사하여 변형하면 작업 시간이 단축될 수 있습니다.

이미지를 불러와 배경으로 지정해요!

01 망고툰(https://toon.mangoboard.net/)에 접속한 후 [로그인] 합니다.

02 새 템플릿 만들기 버튼을 클릭하여 새로운 템플릿을 생성합니다.

03 업로드 탭 – 내 파일 업로드 ⬆ 를 클릭한 후 [8일차]–[마라탕 만들기] 폴더에서 '탕' 이미지를 불러옵니다.

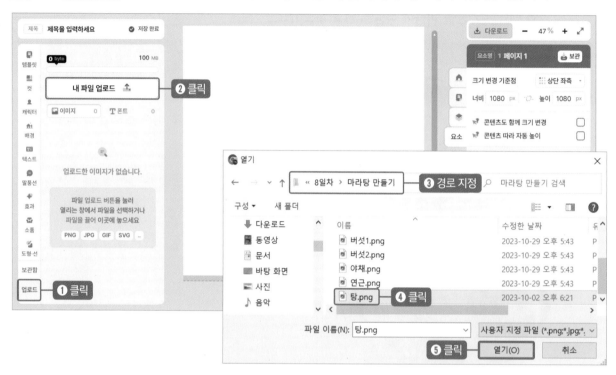

04 이미지가 삽입되면 페이지 배경으로 사용 ➡ 버튼을 클릭합니다.

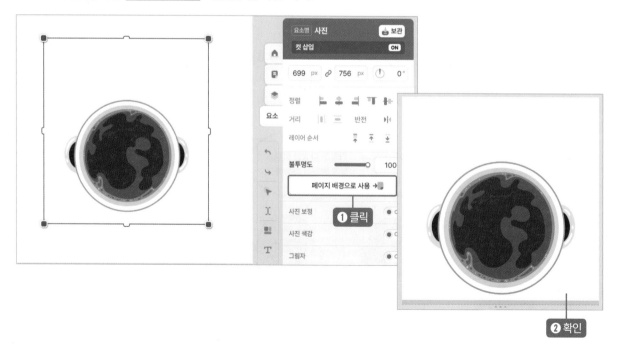

02 > 이미지를 복사해요!

01 를 클릭하여 [마라탕 만들기]-'고기1' 이미지를 삽입한 후 크기 및 위치를 적당히 조절합니다.

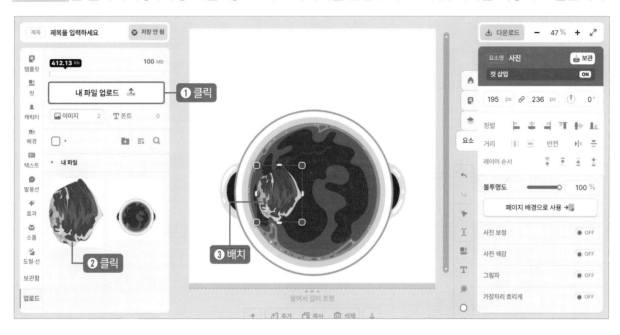

02 [Ctrl] 키를 누른 상태에서 '고기1' 이미지를 드래그해 그림을 복사합니다.

03 동일한 방법으로 다른 재료를 불러와 마라탕을 완성해 봅니다.

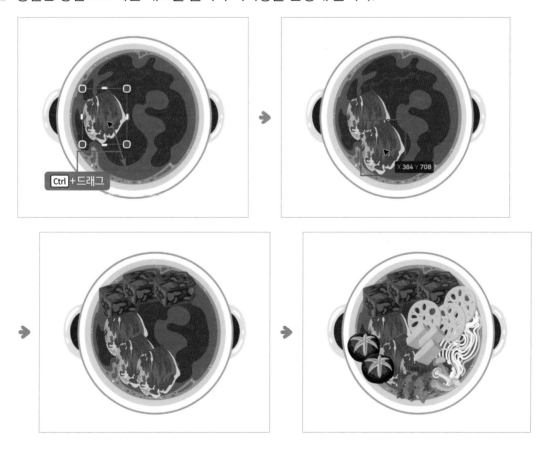

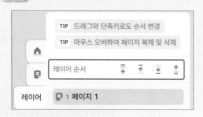
03 ▷ 효과와 텍스트를 넣어 작품을 완성해요!

01 '자욱한'을 검색한 후 효과 탭에서 원하는 효과를 추가하여 뜨거운 느낌을 연출합니다.

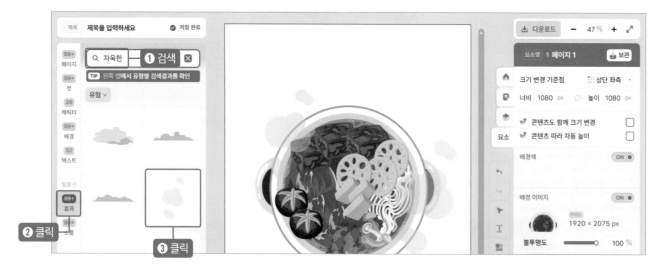

02 '음식'을 검색한 후 텍스트 탭의 [제목]과 [효과음]에서 원하는 이미지를 선택해 배치합니다.

03 완성된 템플릿의 이름을 '마라탕'으로 변경하여 작품을 저장(Ctrl+S)한 다음 ⬇ 다운로드 합니다.

스스로 만드는 TOON

01 [피자 만들기] 폴더의 재료 이미지를 업로드하여 맛있는 피자를 만들어 보세요.

이렇게 검색했어요!

- **효과** : 반짝
- **텍스트** : (효과음)이얏호

02 [도시락 만들기] 폴더의 재료 이미지를 업로드하여 맛있는 도시락을 만들어 보세요.

이렇게 검색했어요!

- **효과** : 두근두근행복,
  행복음표
- **텍스트** : (효과음)따봉

09 재미난 스토리로 만화를 만들어요!

> 기승전결 이야기 구조를 알아보아요.
> 스토리보드형 템플릿을 활용해 만화를 만들어 보아요.

실습 및 완성파일 ▶ [9일차] 폴더

완성작품 미리보기 📷

마린이는 왜 놀랐을까?

오늘은 마린이와 같이 놀러가는 날!

하지만 왜인지 마린이의 표정이 좋지 않

내가 어제 방귀를 꾸어서?
아니면 마린이보다 시험을 잘 봐서?
(머리에 벌레가 있다.)

과연 무엇 때문일까?

📖 툰작가의 만화노트   기승전결 구조 알아보기

기승전결이란, 이야기의 시작부터 마무리를 네 부분으로 나누는 방식을 말합니다. 기승전결 구조를 잘 활용하면 이야기를 더 재미있고 자연스러운 흐름으로 만들어주기 때문에 독자들의 흥미를 유발할 수 있습니다.

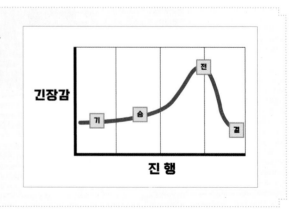

01 기승전결 구조에 맞추어 이야기를 만들어 보아요!

만화를 만들기 전에 이야기를 글로 작성해 구체화하면, 만화 작업이 훨씬 수월해집니다. 아래 예시 를 보고 내가 생각했던 이야기를 기승전결 구조에 맞추어 작성해 보세요.

예시

제 목 : 마린이는 왜 놀랐을까?	
기	사건의 시작, 이야기를 소개하는 부분
	오늘은 마린이와 같이 놀러가는 날!
승	문제가 발생하면서 본격적으로 이야기를 시작
	하지만 왜인지 마린이의 표정이 좋지 않은걸?
전	갈등과 긴장이 최고조를 이룸
	내가 어제 방구를 뀌어서? 아니면 마린이보다 시험을 잘 봐서? (머리에 벌레가 있다.)
결	갈등이 해결되며 이야기가 마무리 됨
	과연 무엇 때문일까...?

제 목 :	
기	사건의 시작, 이야기를 소개하는 부분
승	문제가 발생하면서 본격적으로 이야기를 시작
전	갈등과 긴장이 최고조를 이룸
결	갈등이 해결되며 이야기가 마무리 됨

02 > **스토리보드를 만들어요!** ....

01 망고툰(https://toon.mangoboard.net/)에 접속한 후 [로그인]합니다.

02 새 템플릿 만들기 버튼을 클릭하여 템플릿을 생성합니다.

03 '스토리보드'를 검색하여 다음과 같은 이미지를 선택한 후 기승전결 구조에 맞추어 내용을 입력합니다.

✨**TIP** **페이지의 크기가 바뀌었어요!**

[페이지]에서 선택한 디자인 템플릿에 맞추어 페이지 크기가 자동으로 변경됩니다.

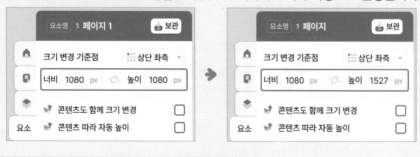

03 > 배경과 캐릭터를 넣어 꾸며요!

01 '공원'을 검색한 후 [배경] 탭에서 원하는 이미지를 찾아 선택합니다. 이어서, 첫 번째 컷 안으로 이미지를 드래그하여 크기 및 위치를 조절합니다.

02 똑같은 방법으로 나머지 배경을 넣어보세요.

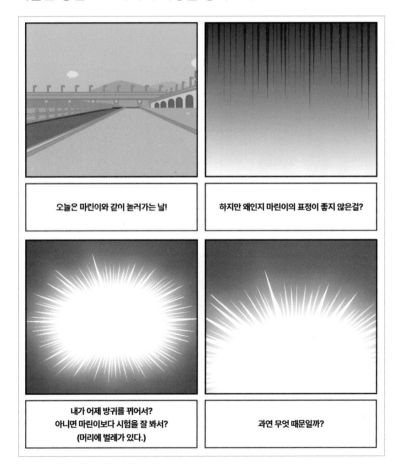

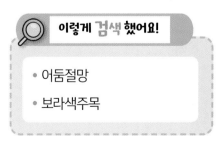

이렇게 🔍 검색 했어요!

• 어둠절망
• 보라색주목

03 '교복'을 검색한 후  탭에서 원하는 주인공을 찾아 배치합니다. 이때, ⊪(수평 반전) 기능을 이용해 서로 마주보는 장면을 연출할 수 있습니다.

✨ **TIP 반전 기능 알아보기**

● 대칭이 필요한 이미지를 선택한 다음 오른쪽 상단의 [요소] 탭–'반전' 메뉴를 이용합니다.

요소 정렬 ▤ ▤ ▤ ▦ ▦ ▦
거리 ▨ ▤ 반전 ⊪ ⊻

❶ ⊪(수평 반전) : 이미지가 '좌우'로 대칭됩니다.

❷ ⊻(수직 반전) : 이미지가 '상하'로 대칭됩니다.

---

04 스토리보드에 맞추어 캐릭터를 배치하고, 알맞은 포즈로 변경합니다.

04 ▶ **소품, 텍스트, 효과를 활용해 만화를 완성해요!** ....

01 '벌레'를 검색한 후 <u>소품</u> 탭에서 원하는 이미지를 찾아 배치합니다.

02 아래 그림을 참고하여 <u>텍스트</u>와 <u>효과</u>를 추가합니다.

이렇게 검색했어요!

- <u>텍스트</u> : (효과음)싱글벙글,
  (효과음)놀람,
  (효과음)짜란,
  (효과음)윙크

- <u>효과</u> : 하트, 놀람,
  물음표, 띠용별

03 완성된 템플릿의 이름을 '스토리보드'로 변경하여 작품을 저장(Ctrl+S)한 다음 다운로드 합니다.

스스로 만드는 TOON

01 만화로 만들고 싶은 이야기를 기승전결 구조에 맞춰 작성해 보세요.

제 목 :	
기	
승	
전	
결	

02 스토리보드 템플릿을 활용해 기승전결 구조의 만화를 만들어 보세요.

춘향전

남원골에 사는 춘향이와 이몽룡은
서로 사랑하는 사이였어요.

이몽룡은 공부를 하기 위해 남원골을 떠났고,
춘향이는 이몽룡을 기다려야 했지요.

새로 부임한 사또가 춘향에게 시중들 것을
강요하지만, 춘향이는 이를 거절하게 돼요.

암행어사가 된 이몽룡이 돌아와 사또에게
벌을 내린 후 춘향이와 행복하게 살았답니다.

이렇게 검색 했어요!

- 🏠 배경 : 들판잔디, 저녁야외,
  한옥유적지, 한옥마을
- 👤 캐릭터 : 춘향전, 사또, 신하
- ✦ 효과 : 하트사랑, 추억,
  무서움, 느낌표

10 글콘티 중심으로 채팅툰을 만들어요!

실습 및 완성파일 ▶ [10일차] 폴더

완성작품 미리보기 📷

툰작가의 만화노트 **글콘티란 무엇일까?**

아래 그림을 통해 웹툰 제작의 전반적인 과정을 살펴보세요. 오늘 배울 '글콘티'는 웹툰의 스토리와 연출을 미리 정리한 것으로, 스토리의 시작부터 끝까지 어떤 순서로 이야기를 풀어나갈 것인지에 대한 내용이 포함됩니다.

▲ '망고툰'을 활용하면 스케치와 채색 과정을 쉽고 빠르게 작업할 수 있어요!

글콘티를 활용해 채팅툰을 만들어요! ··

채팅툰이란 웹툰의 한 종류로, 실제 메신저를 사용하는 것처럼 인물들의 대화를 한 줄씩 내려가며 읽는 재미가 있어요. 어떤 주제로 채팅툰을 만들지 생각하며 글콘티를 작성해 봅니다.

> **예시**
>
> 상황 # 늦은 저녁 SNS로 친구와 대화를 한다.
>
> 나 : 우와...오늘은 진짜 운동 나가기 싫다.
>
> 친구 : 게으르긴.. 난 이따가 운동 가려고 했어
>
> 나 : 그럼 나도 가야겠다! 10시에 운동장에서 봐~
>
> 나 : 뭐야 너 왜 안와?
>
> 친구 : 쿨...쿨...
>
> 나 : 너 내일 학교에서 보자...

상황 #

글콘티에 맞추어 내용을 입력해요!

01 망고툰(https://toon.mangoboard.net/)에 접속한 후 [로그인]합니다.

02 새템플릿만들기 버튼을 클릭하여 템플릿을 생성합니다.

03 '카톡'을 검색한 후 [페이지]에서 다음과 같은 이미지를 선택합니다. 이어서, 전송창을 삭제합니다.

04 캐릭터 얼굴과 말풍선을 모두 삭제합니다.

✨ **TIP** **여러 개의 개체는 이렇게 선택해요!**

개체가 모두 포함되도록 드래그 하거나, Shift 키를 누른 채 선택하려는 개체를 각각 클릭합니다.

05 '카톡'을 검색한 후  탭에서 대화 이미지를 찾아 배치합니다.

06 072 페이지에서 작성한 글콘티를 참고하여 대화를 완성해 봅니다. 말풍선 안쪽 내용을 더블 클릭하여 새로운 내용을 입력할 수 있어요.

07 페이지의 맨 아래쪽을 드래그하여 채팅 창의 길이를 늘려줍니다.

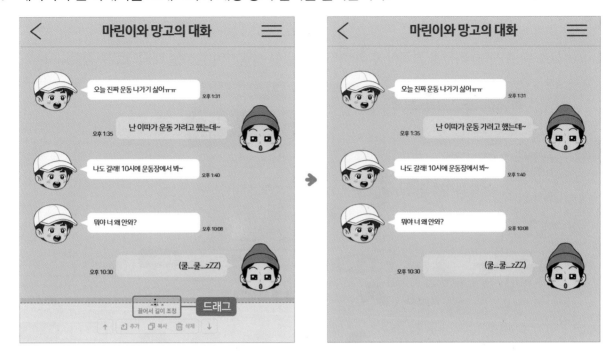

08 '카톡'을 검색한 후 <kbd>텍스트</kbd> 탭에서 다음과 같은 이미지를 찾아 크기와 위치를 조절하고 내용을 수정합니다.

TIP 특정 요소를 수정하기

그룹으로 지정된 이미지에서 수정하려는 요소만 선택하기 위해서는 세로 메뉴에서 <kbd>요소 바로 선택</kbd> 을 이용합니다. 해당
기능이 활성화 된 상태에서 '텍스트' 또는 '말풍선'의 색상 등을 변경할 수 있습니다.

▶ 캐릭터를 변경하여 채팅툰을 완성해요!

01 ▼(요소 바로 선택) 버튼을 클릭한 후 캐릭터의 얼굴을 선택하여 원하는 캐릭터로 변경합니다.

02 똑같은 방법으로 나머지 캐릭터의 얼굴을 변경해 보세요!

이렇게 **검색** 했어요!

• 염색남자

03 완성된 템플릿의 이름을 '채팅툰'으로 변경하여 작품을 저장([Ctrl]+[S])한 다음 ⬇ 다운로드 합니다.

스스로 만드는 TOON

01 친구와 같이 놀러가는 상황을 글콘티로 작성해 보세요.

상황 #

02 작성된 글콘티를 바탕으로 자유롭게 채팅툰을 만들어 보세요.

내일은 마린월드 가는 날!

우리 내일 마린월드 가는 거 알지? 오후 9:31

오후 9:35 그럼!! 당연히 기억하고 있지

내일 아침 8시에 만나면 될 것 같아! 오후 9:40

오후 9:42 알겠어~ 늦지 않게 조심히 와!

참, 유명한 롤러코스터도 꼭 타자~! 오후 9:50

오후 10:35 사실.. 나 무서운 거 못 타는데?..

그걸 왜.... 지금 얘기하는 거야 | 전송

이렇게 검색했어요!

• 트레이너
• 알바

11 그림콘티를 바탕으로 웹툰을 완성해요!

> 지구온난화를 주제로 하여 그림콘티를 그려보아요.
> 그림콘티를 활용해 웹툰을 만들어요.

완성작품 미리보기 📷

실습 및 완성파일 ▶ [11일차] 폴더

툰작가의 만화노트   그림콘티란 무엇일까?

그림콘티는 만화의 한 장면을 하나의 그림으로 표현한 것입니다. 그림콘티를 그리는 과정을 통해 만화의 각 장면을 어떻게 연출해야 할지 생각해 볼 수 있지요.

01 지구온난화와 관련된 마인드맵을 자유롭게 완성해 보세요.

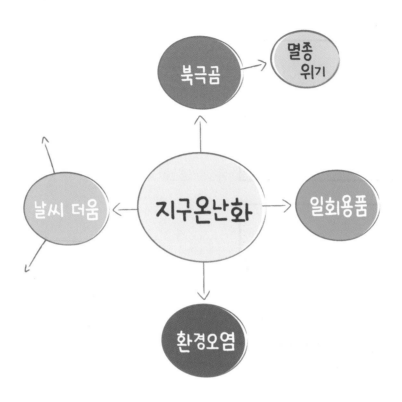

TIP **마인드맵이란?**

마인드맵은 특정 주제에 대해 생각나는 것들을 나무의 가지처럼 쭉쭉 뻗어나가듯이 적어보는 생각 정리 방법입니다.

02 작성한 마인드맵을 토대로 지구온난화를 해결하기 위해 생활 속에서 실천할 수 있는 것을 적어보세요.

1	일회용품 사용을 줄여야 합니다.
2	
3	
4	
5	

02 ▸ **그림콘티를 그려보아요!** ·····································

01 079 페이지를 참고하여, 지구온난화 해결 방안에 관련된 그림콘티를 작성해 봅니다.

예시

03 > 복사 기능으로 똑같은 페이지를 만들어요!

01 망고툰(https://toon.mangoboard.net/)에 접속한 후 [로그인]합니다.

02 새템플릿 만들기 버튼을 클릭하여 템플릿을 생성합니다.

03 페이지의 높이를 '700px'로 변경한 후 빈 컷을 추가하여 배치합니다.

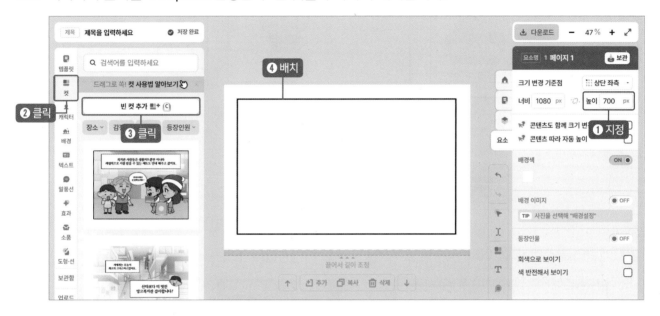

04 복사 버튼을 4번 클릭하여 동일한 페이지 5개를 만들어줍니다.

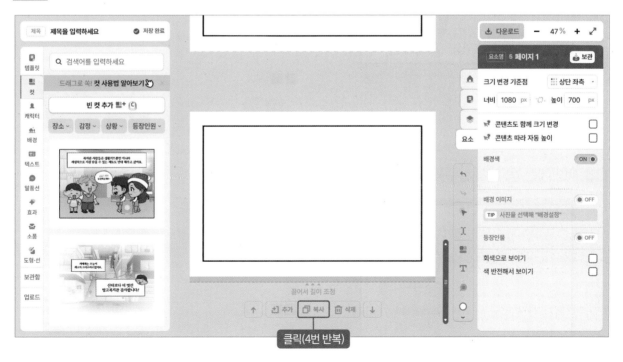

캐릭터 색상을 변경해요!

01 '곰'을 검색한 후 <kbd>캐릭터</kbd> 탭에서 원하는 캐릭터를 각각의 컷에 추가합니다. 080 페이지의 그림콘티를 참고하여 작업해 보세요.

02 캐릭터를 선택한 후 '머리' 부분의 살구색을 흰색으로 변경합니다.

03 이번에는 '몸'에서 살구색을 찾아 흰색으로 바꿔봅니다.

✦TIP **캐릭터의 색상을 바꿀 때 참고해요!**

색상표에 마우스 포인터를 2초 이상 올려놓으면, 해당 색이 적용된 부분이 깜박이는 것을 확인할 수 있답니다.

04 하얀 북극곰이 완성되면 나머지 컷의 캐릭터도 자유롭게 색상을 변경해 주세요.

소품과 말풍선을 추가해요!

01 탭의 그림과 🗨️ 을 활용해 그림콘티와 비슷하게 만들어 보세요.

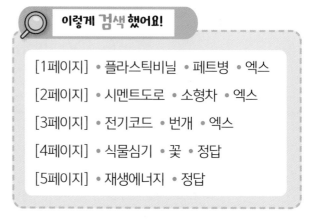

이렇게 검색 했어요!

[1페이지] • 플라스틱비닐 • 페트병 • 엑스

[2페이지] • 시멘트도로 • 소형차 • 엑스

[3페이지] • 전기코드 • 번개 • 엑스

[4페이지] • 식물심기 • 꽃 • 정답

[5페이지] • 재생에너지 • 정답

02 완성된 템플릿의 이름을 '지구온난화'로 변경하여 작품을 저장(Ctrl + S)한 다음 🔽 다운로드 합니다.

TIP **웹툰 형태로 저장해요!**

여러 개의 페이지로 작업한 결과물을 세로로 긴 웹툰 형태로 만들기 위해서는
[다운로드] 페이지에서 '한 장으로 합치기' 옵션에 체크한 후 다운로드 합니다.

다운로드
가로 4000 px 세로 20000 px 초과 시 다운로드 할 수 없습니다
한 장으로 합치기 ✓
사이 간격　　　　　　0
간격 색상
일정 길이로 자르기

스스로 만드는 TOON

01 지구온난화와 관련된 그림콘티를 보고, 만화로 만들어 보세요.
페이지의 크기는 너비 1080px, 높이 650px를 추천합니다!

이렇게 검색했어요!

- **배경** : 빙하, 농사, 태풍

- **소품** : 곰, 해, 온도계, 벼, 태풍집, 회오리

- **캐릭터** : 농부

귀여운 이모티콘을 만들어요!

완성작품 미리보기 📷

실습 및 완성파일 ▶ [12일차] 폴더

마린이의 이모티콘

밥 먹는 중

당황

기쁨

슬픔

삐짐

등교하기

잠자기

운동하기

공부하기

툰작가의 만화노트 **컷 연출하기!**

만화에서 한 컷 안에 요소를 어떻게 배치하고 효과를 주는지에 따라 컷 연출이 달라집니다. 컷 연출 방법에는 크기, 위치, 앵글, 효과음, 소품 등이 있으며, 컷 연출을 잘 활용하면 만화의 완성도를 높일 수 있습니다.

이모티콘 콘티를 그려보세요! ∙∙∙∙∙∙∙∙∙∙∙∙∙∙∙∙∙∙∙∙∙∙∙∙∙∙∙∙∙∙∙∙∙∙

01 이모티콘을 잘 활용하면 여러 가지 감정이나 상황을 효과적으로 표현할 수 있습니다. 아래 예시 를 참고하여 다양한 이모티콘 콘티를 그려보세요.

예시

밥먹는 중	당황	기쁨

02 > 템플릿을 활용해 이모티콘 컷을 만들어요!

01 망고툰(https://toon.mangoboard.net/)에 접속한 후 [로그인]합니다.

02 새 템플릿 만들기 버튼을 클릭하여 템플릿을 생성합니다.

03 '만화 스토리보드'를 검색한 후 [페이지] 버튼을 눌러 아래와 동일한 이미지를 선택합니다.

04 폰트를 변경하기 위해 제목을 선택한 다음 우측의 [요소(➕)] 탭에서 '폰트'를 클릭합니다.

05 다음과 같은 화면이 표시되면 옵션을 변경한 후 원하는 폰트를 선택합니다.

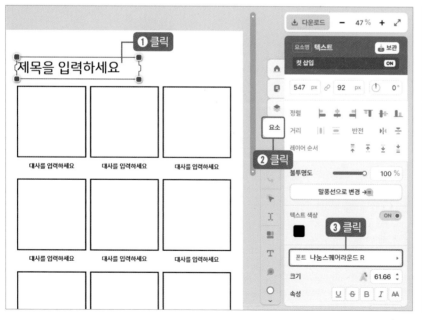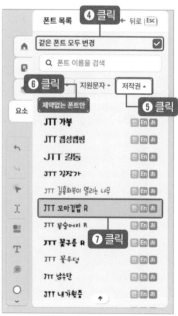

06 '대사를 입력하세요'의 글자 크기를 '40' 정도로 변경합니다.

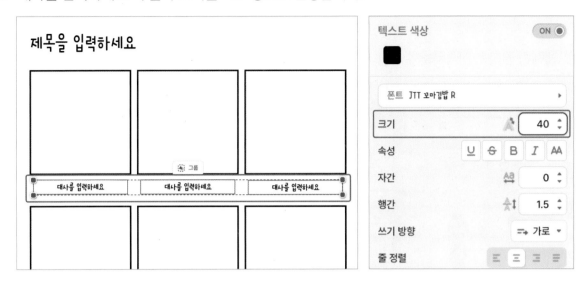

07 087 페이지의 내가 그린 이모티콘 콘티를 참고하여 필요한 내용을 입력합니다.

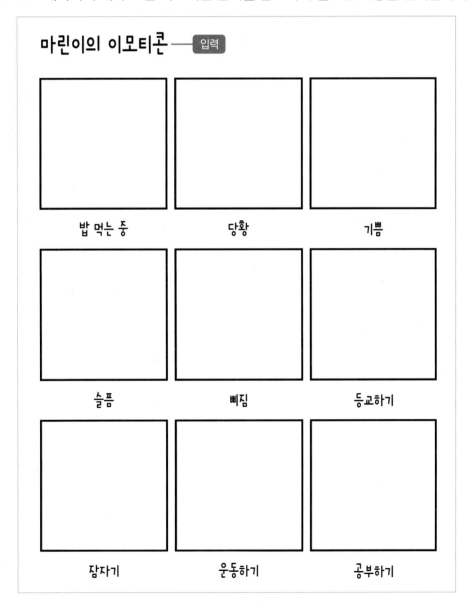

캐릭터를 추가하고 포즈를 변경해요!

01 📇 탭에서 원하는 캐릭터를 추가한 후 '선 두께'를 '3'정도로 변경합니다.

02 표정과 자세 변경 버튼을 클릭하여 원하는 표정과 포즈를 선택합니다.

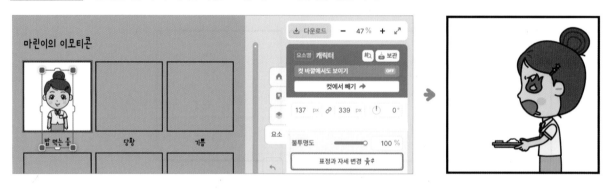

03 똑같은 방법으로 나머지 칸에 캐릭터를 배치해 보세요.

다양한 요소를 넣어 이모티콘을 완성해요!

01 텍스트, 효과, 소품을 활용하여 이모티콘을 꾸며 보세요.

마린이의 이모티콘

밥 먹는 중 / 당황 / 기쁨
슬픔 / 삐짐 / 등교하기
잠자기 / 운동하기 / 공부하기

이렇게 검색했어요!

❶ 밥 먹는 중
- 텍스트 : (효과음)배고픔

❷ 당황
- 효과 : 당황

❸ 기쁨
- 텍스트 : (효과음)하트

❹ 슬픔
- 텍스트 : (효과음)울먹

❺ 삐짐
- 효과 : 한숨

❻ 등교하기
- 효과 : 달리기
- 텍스트 : (효과음)숨소리

❼ 잠자기
- 소품 : 달빛

❽ 운동하기
- 효과 : 웃음

❾ 공부하기
- 텍스트 : (효과음)주룩주룩

02 완성된 템플릿의 이름을 '이모티콘'으로 변경하여 작품을 저장(Ctrl+S)한 다음 ⬇ 다운로드 합니다.

스스로 만드는 TOON

01 휴대폰 사용을 금지하는 이모티콘을 만들어 보세요.

이렇게 검색했어요!

- 👤 캐릭터 : 친구
- 📝 텍스트 : 밥
- ✦ 효과 : 놀람

02 배경색을 없앤 다음 저장해 보세요.

PART 02

망고툰과 함께하는 에듀테크

13 자장면 가격이 이렇게 올랐다고?

🎁 **학습목표**

▶ '통계로 시간여행'을 이용해 시대별 물가상승 지표를 알아보아요.

▶ 결과 이미지를 캡처하여 만화로 만들어 보아요.

 **완성작품 미리보기** 📷

실습 및 완성파일 ▶ [13일차] 폴더

01 크롬에 접속하여 검색창에 '통계로 시간여행'을 입력 후 사이트에 접속합니다.

02 처음 지정된 항목을 없애기 위해 ⟳ 초기화 버튼을 선택합니다.

03 연도를 '2013년'으로 변경 후 ⌄ 연도적용 버튼을 선택합니다.

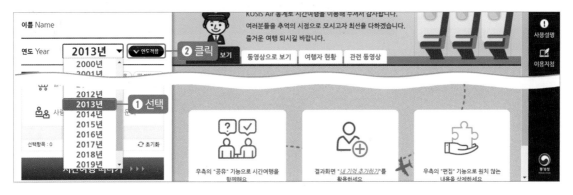

04 [물가체험]-'자장면'을 선택한 다음 [시간여행 떠나기 ▸▸▸] 버튼을 클릭합니다.

05 화면 우측의 (체험하기) 버튼을 클릭하여 물가체험 화면으로 이동합니다.

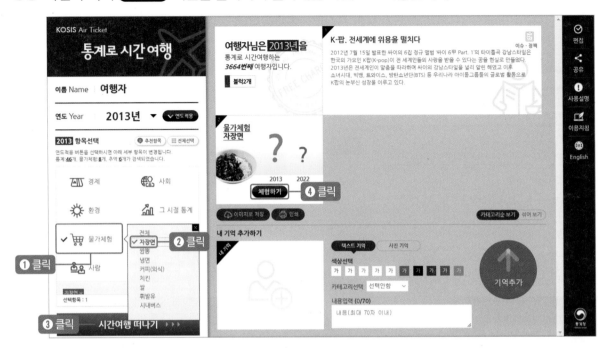

06 최근 자장면의 값을 입력한 후 [비교하기] 버튼을 클릭해 과거와 현재의 자장면 값을 비교합니다.

💡 TIP 현재 연도가 다르게 나와요!

통계청에서는 정확한 통계 작성을 위해 전년도를 기준연도로 사용합니다. 책에서는 '2022'년이 기준연도가 되었으며, 날짜가 지남에 따라 통계 결과가 다르게 표시되는 부분 참고해 주세요.

07 자장면 값 화면이 활성화 된 상태에서 '캡처 도구' 앱을 이용해 캡처해 주세요. 모니터 화면이 가로로 긴 경우에는 크롬창을 축소 후 캡처 작업을 진행합니다.

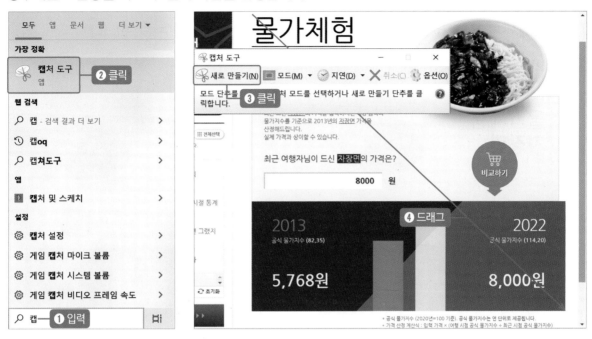

08 [편집]-[복사] 메뉴를 이용하거나, Ctrl + C 를 눌러 그림을 복사합니다.

02 통계청 체험 결과를 활용해 만화를 완성해요!

01 망고툰에서 새로운 템플릿을 생성한 다음 Ctrl + V 를 눌러 그림을 붙여넣기 합니다.

02 그림의 크기와 위치를 조절한 후 페이지의 길이를 맞춰주세요.

03 망고툰의 다양한 이미지를 활용해 페이지를 꾸며 봅니다.

04 필요한 만큼 페이지를 추가 한 후 아래 이미지를 참고하여 자유롭게 만화를 완성합니다.

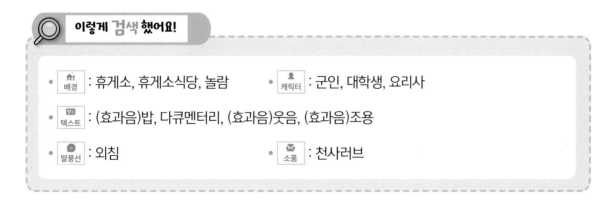

이렇게 검색 했어요!

- 배경 : 휴게소, 휴게소식당, 놀람
- 캐릭터 : 군인, 대학생, 요리사
- 텍스트 : (효과음)밥, 다큐멘터리, (효과음)웃음, (효과음)조용
- 말풍선 : 외침
- 소품 : 천사러브

05 완성된 템플릿의 이름을 '물가상승'으로 변경하여 작품을 저장(Ctrl+S)한 후 다운로드 합니다. '한 장으로 합치기' 옵션을 이용하면 웹툰 형태의 결과물을 얻을 수 있어요!

스스로 만드는 TOON

01 '통계로 시간여행' 사이트에서 [환경]-'폭염일수'를 확인 후 결과물을 캡처해 보세요.

02 새로운 템플릿을 생성하여 폭염예방 만화를 만들어 보세요.

이렇게 **검색** 했어요!

- 배경 : 빛, 서핑
- 소품 : 모니터
- 텍스트 : 탐정이벤트
- 캐릭터 : 여름
- 효과 : 찌글찌글, 별

 궁궐 안에
숨은 보물찾기!

🎁 **학습목표**

▶ '구글맵'을 이용해 경복궁을 둘러보아요.

▶ 결과 이미지를 캡처하여 만화로 만들어 보아요.

실습 및 완성파일 ▶ [14일차] 폴더

완성작품 미리보기 📷

01 구글맵 사이트를 알아보아요!

01 크롬에 접속하여 검색창에 '구글맵'을 입력 후 사이트에 접속합니다.

02 '경복궁'을 검색하여 마우스 휠을 굴려 경복궁 지도가 보이도록 확대해 줍니다.

03 화면 오른쪽 하단의 👤 아이콘을 파란색 길이 있는 쪽으로 드래그합니다.

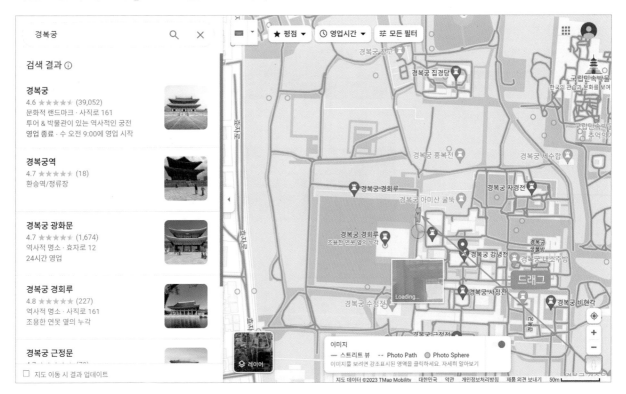

04 지금부터 경복궁 내부를 천천히 둘러봅니다.

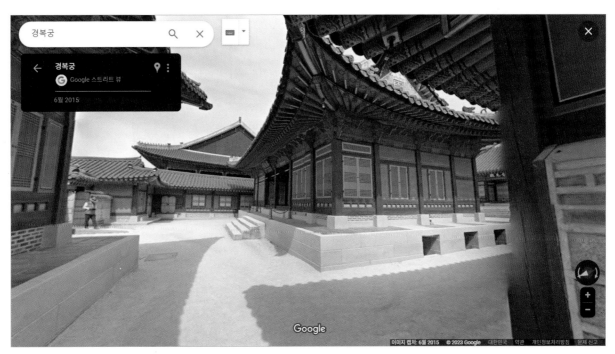

✨ TIP 맵 둘러보기

- 드래그 : 시점 이동
- 마우스 휠 : 확대/축소
- 더블클릭 : 한 번에 위치 이동
- 방향키 : 위치 이동

05 지도에서 원하는 부분이 표시되면 '캡처 도구' 앱을 이용해 캡처해 주세요.

06 [편집]-[복사] 메뉴를 이용하거나, Ctrl+C를 눌러 그림을 복사합니다.

02 > 경복궁 이미지를 활용해 만화를 완성해요!

01 망고툰에서 새로운 템플릿을 생성한 다음 Ctrl + V 를 눌러 그림을 붙여넣기 합니다.

02 [페이지 배경으로 사용 →🖼] 버튼을 선택하여 캡처 이미지를 배경으로 지정합니다.

03 망고툰의 다양한 이미지를 활용해 페이지를 꾸며 봅니다.

🔍 이렇게 검색 했어요!

- ✦ : 무지개, 스포트라이트
  효과

04 필요한 만큼 페이지를 🔲 추가 한 후 아래 이미지를 참고하여 자유롭게 만화를 완성합니다.

이렇게 **검색** 했어요!

- 🏠 배경 : 근정전, 궁, 연못
- 👤 캐릭터 : 왕, 신하, 궁녀
- 💬 말풍선 : 외침, 생각, 땀, 걱정
- 🔤 텍스트 : (효과음)감동
- ✨ 효과 : 땀, 전구, 달리기, 할말없음
- 🎁 소품 : 꽃, 보물상자

05 완성된 템플릿의 이름을 '보물찾기'로 변경하여 작품을 저장(Ctrl+S)한 후 🔽 다운로드 합니다. '한 장으로 합치기' 옵션을 이용하면 웹툰 형태의 결과물을 얻을 수 있어요!

스스로 만드는 TOON

01 구글맵을 이용해 '에펠탑'을 둘러본 후 원하는 각도로 캡처해 보세요.

02 새로운 템플릿을 생성하여 에펠탑을 소개하는 만화를 만들어 보세요.

이렇게 검색 했어요!

- 텍스트 : 초승달
- 배경 : 프랑스
- 캐릭터 : 친구
- 말풍선 : 행복
- 소품 : 삼각대

우리 동네 맛집 탐방기!

실습 및 완성파일 ▶ [15일차] 폴더

학습목표

> 'icograms'을 이용해 마을을 꾸며 보아요.
> 결과 이미지를 저장하여 만화를 만들어 보아요.

완성작품 미리보기 📷

01 크롬에 접속하여 검색창에 'icograms'을 입력 후 사이트에 접속합니다.

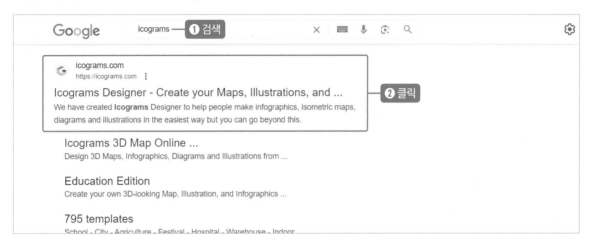

02 Get Started 버튼을 눌러 시작합니다.

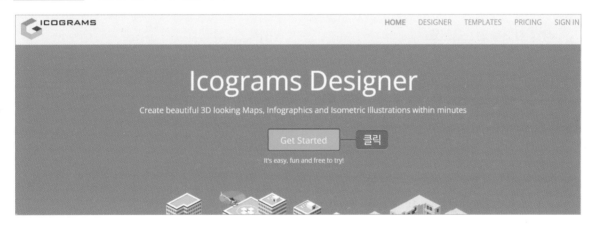

03 📄을 눌러 아래와 같이 지정한 후 Create 버튼을 누릅니다.

04 [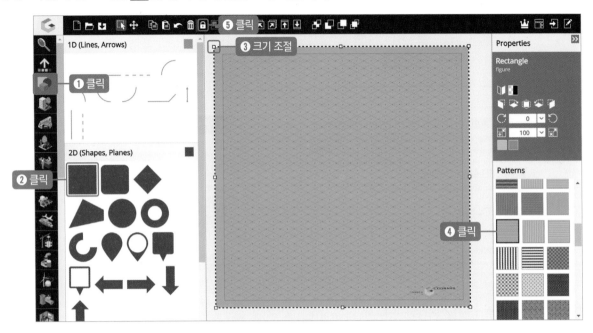]-[사각형]을 선택하여 크기를 조절한 다음 원하는 패턴을 선택합니다.

05 작업이 완료되면 🔒을 클릭해 배경을 고정시킵니다.

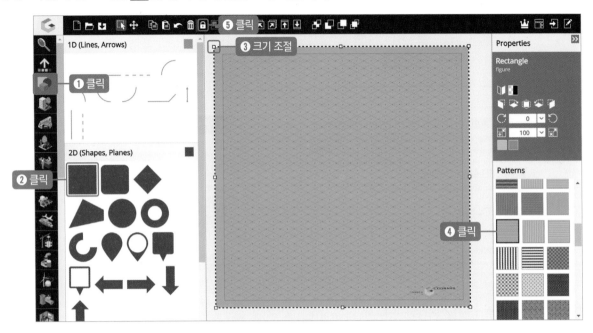

TIP 작업 화면을 컨트롤해요!

❶ 마우스 휠을 굴려 작업 화면을 확대 또는 축소할 수 있어요.

❷ Space Bar 를 누른 상태(✥)에서 드래그하면, 원하는 위치로 시점 이동이 가능해요.

06 왼쪽 아이콘 그룹을 활성화 후 원하는 이미지를 작업 화면으로 드래그하여 자유롭게 배치해 봅니다. 그림의 크기는 ◪을 드래그해 조절할 수 있어요!

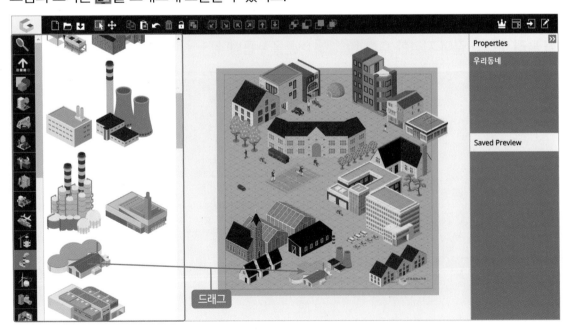

[상단 메뉴]

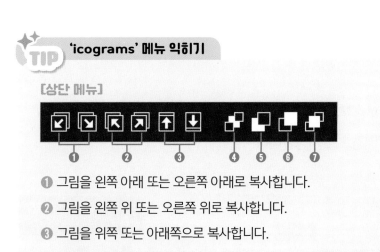

❶ 그림을 왼쪽 아래 또는 오른쪽 아래로 복사합니다.

❷ 그림을 왼쪽 위 또는 오른쪽 위로 복사합니다.

❸ 그림을 위쪽 또는 아래쪽으로 복사합니다.

❹ 그림을 맨 뒤쪽으로 보냅니다.

❺ 그림을 한 칸 뒤쪽으로 보냅니다.

❻ 그림을 한 칸 앞쪽으로 가져옵니다.

❼ 그림을 맨 앞쪽으로 가져옵니다.

[우측 메뉴]

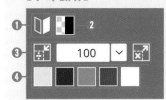

❶ 그림을 좌우 반전시킵니다.

❷ 그림의 불투명도를 조절합니다.

❸ 그림의 크기를 조절합니다.

❹ 그림의 색상 변경이 가능합니다.

07 ⬇을 선택한 후 이미지를 다운로드 합니다. 무료 이용 시 작은 사이즈(800×800)로만 다운로드 되니 참고해 주세요!

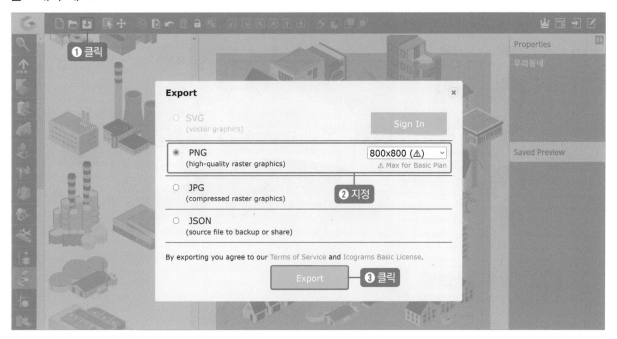

저장한 이미지를 활용해 만화를 완성해요!

01 망고툰에서 새로운 템플릿을 생성한 다음 내 파일 업로드 ⬆ 기능으로 저장한 이미지를 불러옵니다.

02 페이지 배경으로 사용 ➔🖼 버튼을 선택하여 이미지를 배경으로 지정합니다.

03 망고툰의 다양한 이미지를 활용해 페이지를 꾸며 봅니다.

이렇게 **검색** 했어요!

• 👤 캐릭터 : 돼지   • 🅰 텍스트 : 밸런스

04 필요한 만큼 페이지를 ⊕ 추가 한 후 아래 이미지를 참고하여 자유롭게 만화를 완성합니다.

이렇게 검색 했어요!

- 🏠 배경 : 햄버거, 레스토랑, 캠핑
- 🧑 캐릭터 : 돼지
- 🅰 텍스트 : 홍보, 가을, 어린이

05 완성된 템플릿의 이름을 '우리동네'로 변경하여 작품을 저장(Ctrl + S)한 후 ⬇ 다운로드 합니다. '한 장으로 합치기' 옵션을 이용하면 웹툰 형태의 결과물을 얻을 수 있어요!

스스로 만드는 TOON

01 'icograms' 사이트에서 놀이공원을 만들어 결과물을 저장해 보세요.

02 새로운 템플릿을 생성한 후 이미지를 업로드하여 친구 찾기 포스터를 만들어 보세요.

이렇게 검색 했어요!

- 🅰 텍스트 : 사내문화
- 💬 말풍선 : 사각형
- 👤 캐릭터 : 어린이

16 원시인의 도자기 활용법!

완성작품 미리보기 📷

실습 및 완성파일 ▶ [16일차] 폴더

01 > 3D 도자기 사이트를 알아보아요!

01 크롬에 접속하여 검색창에 '3D 도자기'를 입력 후 사이트에 접속합니다.

02 [게임 플레이] 버튼을 선택한 후 Start 를 클릭합니다.

03 Recreate this pot 버튼을 선택한 후 도자기를 만들기 위해 Let's go 버튼을 클릭합니다.

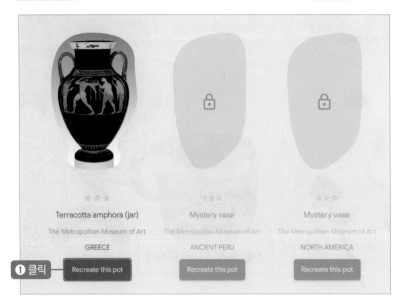

04 아래 방법을 참고하여 도자기를 만들어 보세요.

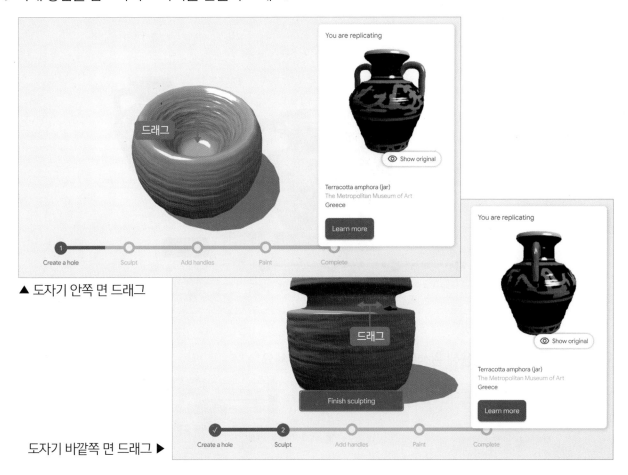

▲ 도자기 안쪽 면 드래그

도자기 바깥쪽 면 드래그 ▶

✨TIP **다른 각도로 확인해요!**

배경을 드래그하면 도자기를 다른 각도로 볼 수 있습니다.

05 도자기의 옆면을 드래그하여 손잡이를 달아줍니다. `Duplicate handle` 버튼을 눌러 손잡이를 추가할 수 있어요.

06 원하는 색으로 도자기를 색칠한 다음 √ Finish painting 버튼을 눌러 도자기를 구워줍니다.

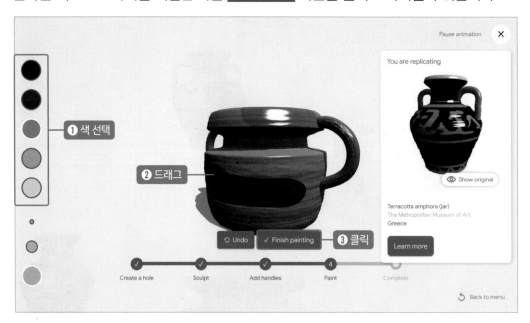

07 '캡처 도구' 앱을 이용해 완성된 도자기를 캡처해 주세요.

08 [편집]-[복사] 메뉴를 이용하거나, Ctrl+C를 눌러 그림을 복사합니다.

01 망고툰에서 새로운 템플릿을 생성한 다음 Ctrl+V 를 눌러 그림을 붙여넣기 합니다.

02 망고툰의 다양한 이미지를 활용해 페이지를 꾸며 봅니다.

이렇게 검색 했어요!

- 효과 : 요술
- 말풍선 : 설명선

03 필요한 만큼 페이지를 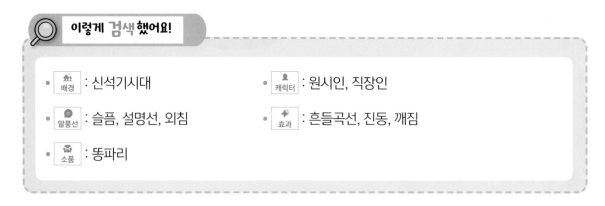추가 한 후 아래 이미지를 참고하여 자유롭게 만화를 완성합니다.

🔍 이렇게 검색 했어요!

- 🏠 배경 : 신석기시대
- 👤 캐릭터 : 원시인, 직장인
- 💬 말풍선 : 슬픔, 설명선, 외침
- ✦ 효과 : 흔들곡선, 진동, 깨짐
- 🧳 소품 : 똥파리

04 완성된 템플릿의 이름을 '도자기'로 변경하여 작품을 저장(Ctrl + S)한 후 ⬇ 다운로드 합니다. '한 장으로 합치기' 옵션을 이용하면 웹툰 형태의 결과물을 얻을 수 있어요!

스스로 만드는 TOON

01 '3D 도자기' 사이트에서 화분으로 활용할 도자기를 만들어본 후 결과물을 캡처해 보세요.

02 새로운 템플릿을 생성하여 만화를 완성해 보세요.

이렇게 **검색** 했어요!

- [페이지] : 해외크림
- 소품 : 플라워, 나비
- 캐릭터 : 회사원, 원시인
- 배경 : 우울
- 말풍선 : 회상, 외침

17 살아있는 이집트 문화를 체험해요!

실습 및 완성파일 ▶ [17일차] 폴더

완성작품 미리보기 📷

01 크롬에 접속하여 검색창에 '국립중앙박물관'을 입력 후 사이트에 접속합니다.

02 [전시]-[온라인 전시관]을 메뉴를 클릭한 후 'VR'만 체크되도록 지정합니다.

03 '세계문화관 이집트실 – 삶, 죽음, 부활의 이야기'를 선택합니다.

04 가운데 재생 버튼을 클릭해 체험이 시작되면, 화면을 클릭하거나 방향키($\uparrow$, $\downarrow$, $\leftarrow$, $\rightarrow$)를 눌러 이동합니다.

05 '캡처 도구' 앱을 이용해 소개하고 싶은 전시물을 캡처해 주세요.

06 [편집]-[복사] 메뉴를 이용하거나, Ctrl+C를 눌러 그림을 복사합니다.

01 망고툰에서 새로운 템플릿을 생성한 다음 [Ctrl]+[V]를 눌러 그림을 붙여넣기 합니다.

02 '시네마'를 검색한 후 [배경] 탭에서 원하는 그림을 찾아 배경으로 지정해 보세요.

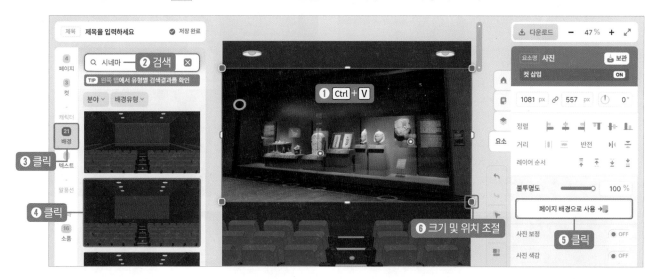

03 망고툰의 다양한 이미지를 활용해 페이지를 꾸며 봅니다.

이렇게 검색 했어요!

• 캐릭터 : 안경, 어린이, 고대   • 효과 : 잠, 집중   • 말풍선 : 느낌표

04 필요한 만큼 페이지를 [⊞ 추가] 한 후 아래 이미지를 참고하여 자유롭게 만화를 완성합니다.

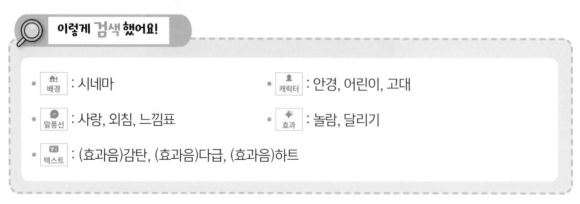

이렇게 검색 했어요!

- 🏠 **배경** : 시네마
- 👤 **캐릭터** : 안경, 어린이, 고대
- 💬 **말풍선** : 사랑, 외침, 느낌표
- ✦ **효과** : 놀람, 달리기
- 🔠 **텍스트** : (효과음)감탄, (효과음)다급, (효과음)하트

05 완성된 템플릿의 이름을 '이집트'로 변경하여 작품을 저장([Ctrl]+[S])한 후 [⬇ 다운로드] 합니다. '한 장으로 합치기' 옵션을 이용하면 웹툰 형태의 결과물을 얻을 수 있어요!

스스로 만드는 TOON

01 '국립중앙박물관' 사이트에서 '세계문화관 세계도자실 – 도자기에 담긴 동서교류 600년' VR을 감상한 후 원하는 장면을 캡처해 보세요.

02 새로운 템플릿을 생성하여 만화를 완성해 보세요.

18 인공지능이 그림을 그려준다고?

실습 및 완성파일 ▶ [18일차] 폴더

🎁 학습목표

▶ '오토드로우'를 이용해 인공지능으로 그림을 그려보아요.

▶ 결과 이미지를 저장해 만화를 만들어 보아요.

완성작품 미리보기 📷

01 ⟩ 오토드로우 사이트를 알아보아요!

01 크롬에 접속하여 검색창에 '오토드로우'를 입력 후 사이트에 접속합니다.

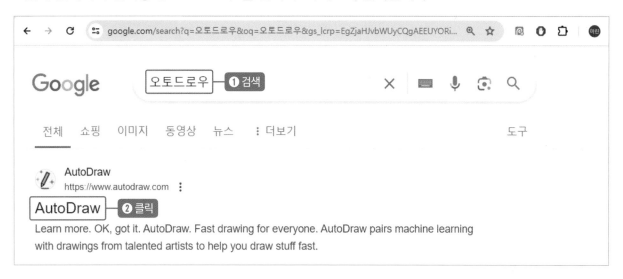

02 캔버스가 표시되면 정사각 비율로 변경해줍니다.

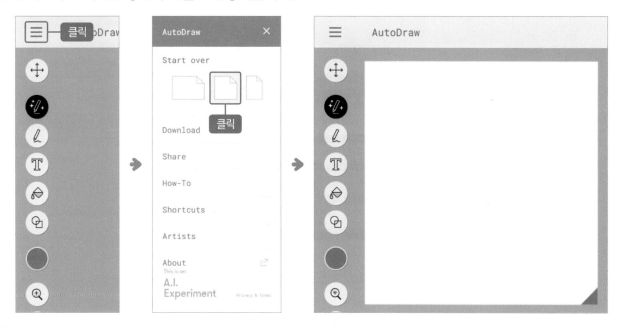

✦TIP **오토드로우 알아보기**

오토드로우는 내가 그린 스케치로 예쁜 아이콘을 생성해주는 인공지능 체험 사이트예요.

03 자동차 모양을 그려본 후 인공지능 추천 아이콘이 표시되면 원하는 그림을 클릭합니다.

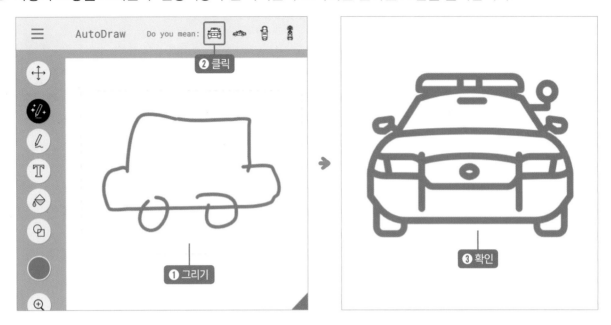

04 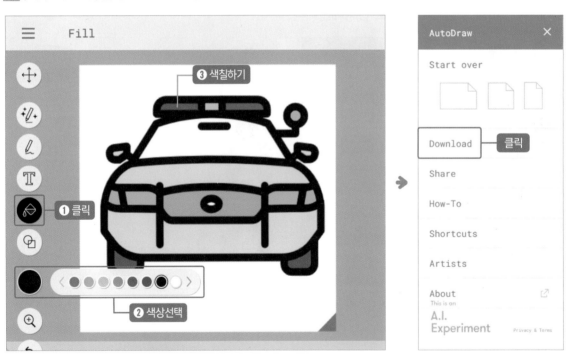 (채우기 도구)를 클릭한 후 색상을 변경해 그림의 색상을 변경 후 저장합니다.

TIP **색을 바꿀 때는 이렇게 해요!**

채우기 도구를 이용해 색을 칠할 때는 면적을 잘 선택합니다. 아이콘의 선 부분을 선택하면 라인 색상이 변경됩니다.

02 › 인공지능으로 만든 그림을 활용해 만화를 완성해요!

01 망고툰에서 새로운 템플릿을 생성한 다음 [내 파일 업로드 ⬆] 기능으로 저장한 이미지를 불러옵니다.

02 [페이지 배경으로 사용 →🗐] 버튼을 선택하여 캡처 이미지를 배경으로 지정합니다.

03 망고툰의 다양한 이미지를 활용해 페이지를 꾸며 봅니다.

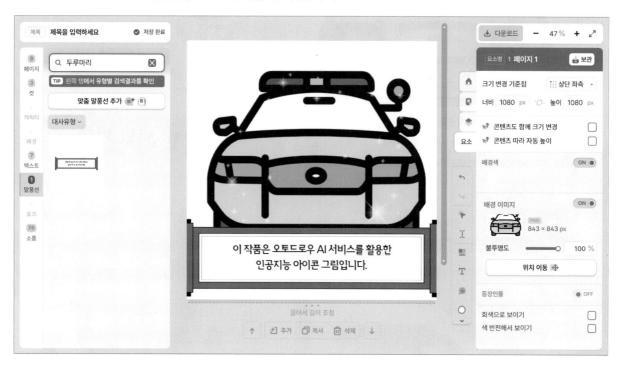

이렇게 검색 했어요!

- 효과 : 별장식
- 말풍선 : 두루마리

04 필요한 만큼 페이지를  추가 한 후 아래 이미지를 참고하여 자유롭게 만화를 완성합니다.

이 작품은 오토드로우 AI 서비스를 활용한 인공지능 아이콘 그림입니다.

이렇게 검색 했어요!

- 배경 : 인공지능, 뮤지엄, 파스텔알록달록
- 캐릭터 : 로봇
- 텍스트 : 바다식목일, 궁금, 밑줄
- 소품 : 이젤페인팅, 그림

05 완성된 템플릿의 이름을 '인공지능'으로 변경하여 작품을 저장(Ctrl+S)한 후 ⬇ 다운로드 합니다. '한 장으로 합치기' 옵션을 이용하면 웹툰 형태의 결과물을 얻을 수 있어요!

스스로 만드는 TOON

01 '오토드로우' 사이트에서 인공지능으로 고양이 그림을 만든 후 결과물을 저장해보세요.

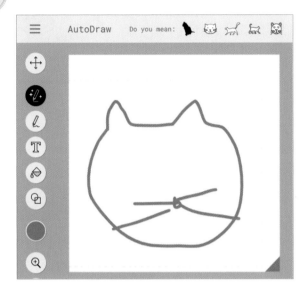
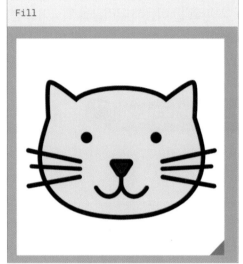

02 새로운 템플릿을 생성하여 만화를 완성해 보세요.

이렇게 검색 했어요!

- 🏠 배경 : 길거리벽화, 집중
- 👤 캐릭터 : 로봇, 고양이
- 💬 말풍선 : 돈, 외침, 분노
- 💼 소품 : 이젤페인팅
- ✦ 효과 : 침묵

외국인과 대화를 해요!

완성작품 미리보기 📷

실습 및 완성파일 ▶ [19일차] 폴더

파파고 사이트를 알아보아요!

01 크롬에 접속하여 검색창에 '파파고'를 입력 후 사이트에 접속합니다.

02 아래와 같이 내용을 입력하여 [번역하기]를 클릭한 후 번역된 내용을 복사(📋)합니다.

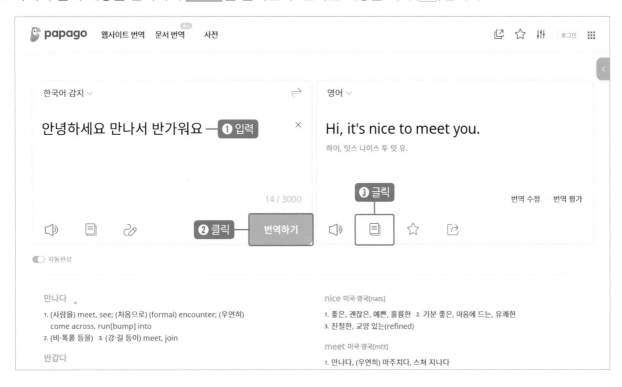

번역된 내용을 이용해 만화를 완성해요!

01 망고툰에서 새로운 템플릿을 생성한 다음 말풍선을 추가합니다.

02 말풍선 안쪽 내용이 블록으로 지정된 상태에서 [Ctrl]+[V]를 눌러 번역된 내용을 붙여넣어 보세요.

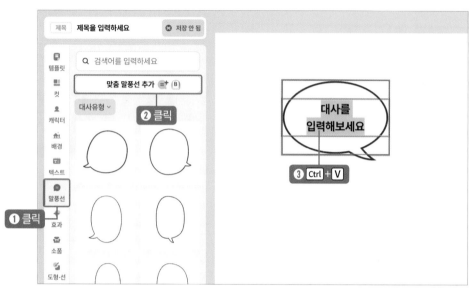

03 망고툰의 다양한 이미지를 활용해 페이지를 꾸며 봅니다.

04 필요한 만큼 페이지를 ⊞추가 한 후 아래 이미지를 참고하여 자유롭게 만화를 완성합니다.

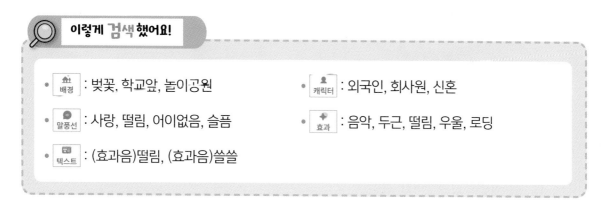

05 완성된 템플릿의 이름을 '번역하기'로 변경하여 작품을 저장(Ctrl+S)한 후 ⬇다운로드 합니다. '한 장으로 합치기' 옵션을 이용하면 웹툰 형태의 결과물을 얻을 수 있어요!

스스로 만드는 TOON

01 '파파고' 사이트에 접속해 인사말을 외국어로 번역해 보세요.

02 새로운 템플릿을 생성하여 만화를 완성해 보세요.

今日も頑張ってください！

〈일본어〉로 응원하기
'오늘도 힘내세요!'를
일본어로는 이렇게 얘기할 수 있어요!

Come posso andare lì?

〈이탈리아어〉로 질문하기
'저기는 어떻게 갈 수 있나요?'를
이탈리아어로는 이렇게 얘기할 수 있어요!

이렇게 검색 했어요!

- 🏠 배경 : 가정집, 피사의사탑
- 👤 캐릭터 : 여행
- 💬 말풍선 : 인스타그램

무서운 초콜릿의 저주!

완성작품 미리보기 📷

실습 및 완성파일 ▶ [20일차] 폴더

01 > 리무브비지 사이트를 알아보아요!

01 크롬에 접속하여 검색창에 '리무브비지'를 입력 후 사이트에 접속합니다.

02 이미지 업로드 버튼을 클릭한 후 [20일차] 폴더에서 '초콜릿' 이미지를 불러옵니다.

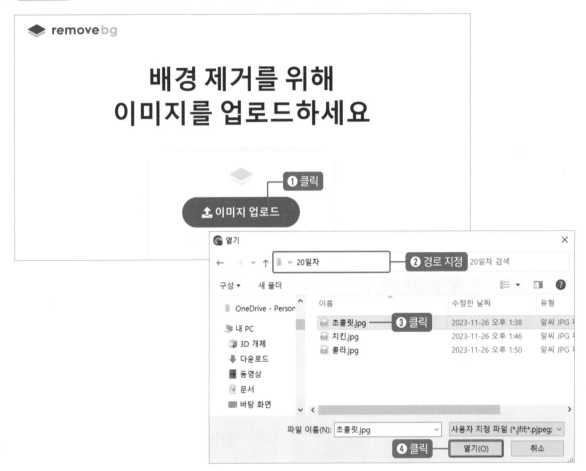

03 다운로드 버튼을 선택하여 배경이 제거된 이미지를 다운로드 합니다.

저장한 이미지를 활용해 만화를 완성해요!

01 망고툰에서 새로운 템플릿을 생성한 다음 [내 파일 업로드 ⬆] 기능으로 저장한 이미지를 불러옵니다.

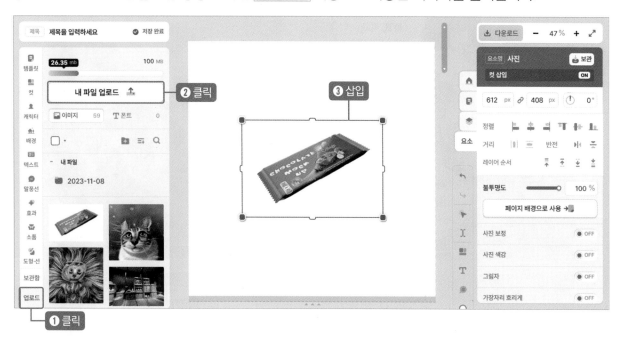

02 망고툰의 다양한 이미지를 활용해 페이지를 꾸며봅니다.

이렇게 검색 했어요!

- 🏛 배경 : 신비
- 👤 캐릭터 : 마녀
- ✦ 효과 : 구름낀, 강조선
- 💬 말풍선 : 어느덧

03 필요한 만큼 페이지를 [추가] 한 후 아래 이미지를 참고하여 자유롭게 만화를 완성합니다.

[표정과 자세 변경] 에서 [다른 캐릭터 몸으로 변경] 을 이용하면 아빠와 아들의 몸을 바꿀 수 있어요!

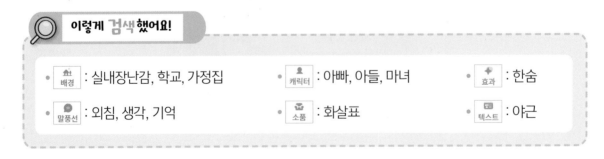

04 완성된 템플릿의 이름을 '악마초콜릿'으로 변경하여 작품을 저장([Ctrl]+[S])한 후 [다운로드] 합니다. '한 장으로 합치기' 옵션을 이용하면 웹툰 형태의 결과물을 얻을 수 있어요!

스스로 만드는 TOON

01 '리무브비지' 사이트를 이용해 이미지의 배경을 제거한 후 결과물을 저장해 보세요.

02 새로운 템플릿을 생성한 후 이미지를 업로드하여 광고 만화를 만들어 보세요.

이렇게 검색했어요!

- [페이지] : 플로깅, 약국홍보
- 캐릭터 : 돼지

MEMO

PART 03

망고툰을
활용한
패러디 웹툰

21 아기돼지 삼형제의 분열!

🎁 **학습목표**

> 동화 '아기돼지 삼형제'를 각색하여 재미있는 웹툰을 만들어 보아요.

📷 캐릭터 설정 미리보기

실습 및 완성파일 ▶ [21일차] 폴더

첫째 돼지	둘째 돼지	막내 돼지	늑대
게으르고 겁이 많은 맏형	스마트폰에만 빠져서 사는 둘째	부지런하며, 매우 똑똑한 막내	아기돼지를 잡아먹으려는 배고픈 악당

 🔍 이렇게 검색했어요!

• [페이지] : 돼지피트니스

• 👤 캐릭터 : 돼지, 늑대

• 🏠 배경 : 숲속, 호수, 놀람, 비닐하우스, 벽돌옥탑방, 가정집식탁, 충격, 집중

• 💬 말풍선 : 생각, 외침, 슬픔, 꽃, 행복

22 신데렐라의 비밀은 무엇일까요?

학습목표

▶ 동화 '신데렐라'를 각색하여 재미있는 웹툰을 만들어 보아요.

실습 및 완성파일 ▶ [22일차] 폴더

캐릭터 설정 미리보기

신데렐라	왕자	계모와 언니	로봇
착하고 부지런한 소녀	신데렐라를 사랑하는 남자	신데렐라를 못살게 구는 가족들	신데렐라를 도와주는 고마운 로봇

 이렇게 검색 했어요!

- [페이지] : 공주나만

- 캐릭터 : 유치원, 왕자, 아주머니, 고등학생, 로봇

- 배경 : 낙후된, 불안, 강조, 사랑, 디지털, 꿈, 무도회

- 말풍선 : 생각, 공포, 외침, 인사, 하트, 두근, 의문

- 소품 : 벌레, 음표

- 효과 : 집중선, 멘붕, 변신

148

23 흥부의 전성기가 시작되다!

실습 및 완성파일 ▶ [23일차] 폴더

학습목표

> 동화 '흥부와 놀부'를 각색하여 재미있는 웹툰을 만들어 보아요.

캐릭터 설정 미리보기 📷

흥부	놀부	흥부 아내	거북
착하고 성실한 어부	욕심이 많고 성격 나쁜 공무원	겸손하고 현명한 여자	추위와 배고픔에 시달리는 바다 동물

🔍 이렇게 검색 했어요!

- [페이지] : 흥부

- 👤 캐릭터 : 아저씨, 환자, 임산부, 거북

- 🏠 배경 : 입원, 초가집, 바닷가, 바닷속, 집중선꿈, 희망, 피날레, 저택

- 💬 말풍선 : 사랑, 외침, 화남, 기쁨, 하트, 기억

- 📦 소품 : 해파리, 열대어, 미역, 산호초, 천사, 알

- ✦ 효과 : 하트, 보석, 얼마뒤

24 헨젤과 그레텔,
마녀의 집 탈출기!

🎁 **학습목표**

> 동화 '헨젤과 그레텔'을 각색하여 재미있는 웹툰을 만들어 보아요.

실습 및 완성파일 ▶ [24일차] 폴더

캐릭터 설정 미리보기 📷

헨젤

착하고 동생을
잘 보살피는 오빠

그레텔

오빠 말을 잘 듣는
용감한 소녀

계모

욕심이 많고
아이들을
싫어하는 새엄마

마녀

착한 사람들을
괴롭히는
무서운 마녀

🔍 **이렇게 검색 했어요!**

- [페이지] : 속담

- 👤 캐릭터 : 중학생, 초등학생, 조선여자, 마녀, 다람쥐, 토끼

- 🏠 배경 : 피서지, 숲속, 패턴, 깊은숲, 바이러스, 과자마을, 환희, 지하철

- 💬 말풍선 : 외침, 생각, 설명, 행복, 불안, 공포, 예능자막, 슬픔

- 📦 소품 : 비스켓, 길, 이정표, 노선도

- ✦ 효과 : 달리기, 흔들기, 정신

아래 내용을 참고하여 헨젤과 그레텔 웹툰을 만들어 보세요!

왜 망고보드를 써야하나요?

하나, 업무, 홍보, 교육, 동영상 템플릿 모두 OK! 고퀄리티 프리미엄 디자인

둘, 저작권 걱정 없는 소스들!

캐릭터, 사진

AI가 만든 사진

배경음악, 효과음

- Acoustic So
- And
- Atlantis441
- Autumn D

1,000개 이상의 폰트

셋, 불가능한 것을 가능하게 만들어주는 AI 기능!

Photo Editor
AI 자동 배경제거,
AI 개체 지우개,

사물·글자·잡티, 원하는 곳 골라서
지우고 일반 사진, 로고 사진
모두 **클릭 한 번으로 배경 제거**

Photo Editor
AI 자동 화질 개선

저해상도 사진을 개선하고
깨짐 없이 사진 확대 및
흑백 사진 컬러로 복원하기

Photo Generate
AI 이미지 생성

텍스트만 적어서 이미지 만들기.
디지털 드로잉, 인물 사진, 풍경 사진, 음식 사진 직접 만들기!

Animation Editor
AI 성우 TTS

대사만 입력하면 인공지능 성우가
읽어주는 서비스. 한국어·영어·
일본어·중국어·대만어·스페인어
지원 중

레퍼런스

    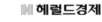

전문가처럼 디자인하는 방법

포스터·동영상·PPT·SNS콘텐츠
망고보드로 누구나!

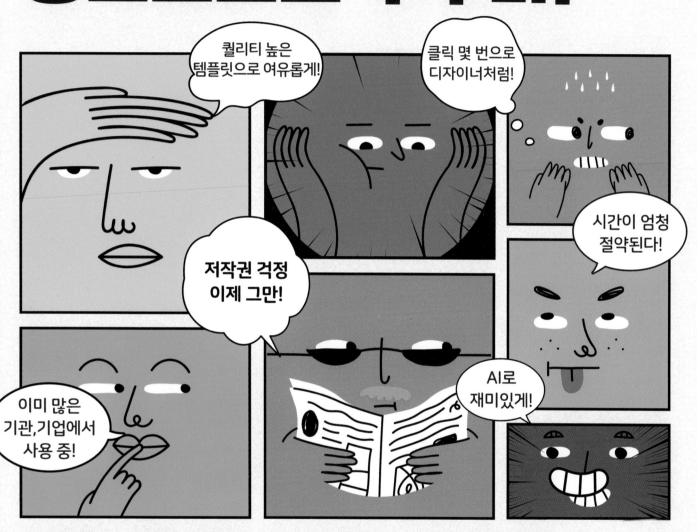

저작권 걱정 없이, 디자인에서 인쇄까지-!

◇ **사용대상:** 시각 작업물을 만드시는 모든 분들!

◇ **사용방법:** 원하는 템플릿&요소 찾아 내용 쓱~ 바꾸고 폰트 바꾸고 다운로드하면 끝!

◇ **특별한점:** AI로 화질개선하고, 필요한 이미지 만들어 보세요. 팀룸으로 협업도 할 수 있어요!
한 번의 클릭으로 풍부한 동영상 효과를 사용하고 배경음악을 골라 넣어보세요!

MEMO